幻獣の話

池内　紀

講談社学術文庫

目次

幻獣の話

1　一角獣――マルコ・ポーロが見たもの……11
ホラ吹きマルコ／樽のような蛇がのし歩く／一角獣はスマトラにすむ／マルコ・ポーロのメモ／一角獣とは何だったか／チパング島の金と真珠

2　アジアとヨーロッパ――幻獣という知の遺産……25
不思議の国、インド／ヨーロッパ千五百年を呪縛／耳で全身をつつむ／神は幻獣を認めない／いたるところに奇妙な生きものがいる／目に見えない水路／時がいのちを喰らい／頭が星に接する巨竜／ケンタウロス／わが子をくらうサトゥルヌス／ヨーロッパの文化的鉱脈

3　不思議な生きもの、不思議な人――狂気と文学のあいだ……47
女になりたい／世界没落の幻覚／数ミリの大きさの男たち／奇妙な二人組／謎のオドラデク／カフカとシュレーバー／刻一刻と崩れてゆく内面

4　幻獣紳士録I……63
幻獣界の名士を収める／アスカラポス／アンティオクス／海の司祭／エコー／カトブレパス／ゴジラ／コーボルト／サデュザーク／サラマンドラ／黒眚《しい》／スキヤポデス／スフィンクス／スマラ

5　幻獣紳士録II……83
現実と空想、どちらが創造的か／セイレーン／猏《つつが》／トッカッピ／ニクセ／ニスナス／鵺《ぬえ》／馬頭人／バルトアンデルス／鼻行類／ブロントサウロス／マルティコラス／マンドラゴラ／ミュルミドン／ヤマタノオロチ／蜮《よく》

6　百鬼の奇――日本の幻獣……101
筆の先から幻獣があらわれる／怪なるかな怪なるかな／柳田國男と河童／河童を描きつづけた小川芋銭／傍流の人／水魅山妖への偏愛

7 霊獣たちの饗宴——日光東照宮の場合……115
八百体の霊獣／家光の家康崇拝／東照宮の謎／将軍が頭を下げる／建物がかたる物語

8 中国の宝の書——『山海経』入門……127
魯迅の驚き／天下の賢者だけが理解する／奇想の大盤ぶるまい／さらに奇怪な海外篇／日本に渡る幻獣たち／常ならぬ何かを前触れする

9 私という幻の獣——寺山修司の夢……141
超自然的恐怖／娯楽や見世物から国民をよむ／寺山修司が問題としたもの／等身大の人間の限界／イメージの略歴／顔三つ、腕千本の神／私の意識深くに隠れているもの

10 ゴーレムからロボットへ——二十世紀の幻獣……157

ロボット誕生／ゴーレムを生んだ都プラハ／土にもどるゴーレム／苦役を代わってくれる別の生きもの／ロボットへの恋／文学のあとを科学が追いかける／人間が幻獣になるとき

あとがき……173

幻獣の話

1　一角獣――マルコ・ポーロが見たもの

ホラ吹きマルコ

古今東西、ピカ一の大旅行家といえばマルコ・ポーロだろう。故郷ヴェネツィアを出たのが十七歳のとき、帰ってきたのは四十一歳。紅顔の美少年がシワ深い中年男になってもどってきた。やがて戦《いく》さのとばっちりでとらえられ、獄中で語ったのが『東方見聞録』。世の冒険家たちを刺激して、数々の発見へ誘いだした。一冊の旅行記が世界を変えた。

知られるとおりマルコ・ポーロはそのなかで、深い憧憬《しょうけい》をこめて「黄金の国チパング（日本）」のことを語っている。しかし当の語り手自身はさっぱり黄金にめぐまれず、「ホラ吹きマルコ」だの「いかれ頭のポーロ」だのと子供にまでからかわれながら、みじめな晩年を送ったのちに七十歳で死んだ。

もともと彼は話し上手であったようだ。はるばると天山山脈をこえて中国に入り、元王朝フビライ・カーンのもとに出仕するようになってのち、はじめて使節に立ったことがある。帰ってきてから使いの顚末《てんまつ》を御前で報告したところ、その話しぶりが実に巧みで、聞く者の興味をかき立てたものだから、カーンをはじめ、なみいる侍臣たちが感嘆し、以後は若輩にもかかわらず「マルコ・ポーロ氏」と敬称されるようになったという。

そんなマルコからとてつもない話をきかされて、同時代のヴェネツィアの人々は、好奇心をかき立てられる一方で、しばしば首をひねったことだろう。インドにはタラントゥラという「蜥蜴《とかげ》のように壁を這《は》い登る小さな動物」がいて、これは人間のような声を出す。商取引きの際、この小動物の声のする方向によって吉凶がわかれるというのだが、はたしてそんなことがあるのだろうか？

同時代だけではなく後世にとっても、マルコ・ポーロには「ホラ吹きマルコ」のイメージがつきまとっている。もっとも、この点、多少とも『見聞録』成立の事情があずかっていたかもしれない。一二九八年、ヴェネツィアとジェノヴァが海運権をめぐって戦争をはじめたとき、マルコ・ポーロはヴェネツィア軍の一人としてガレー船の指揮をとった。そのとき不幸にも敵の手に落ち、ジェノヴァの牢《ろう》につながれた。

約一年つづく獄中のつれづれに、同室の囚人でピサの物語作家ルスチケルロに語ったのが『東方見聞録』である。こころならずもの幽閉生活にあって、彼はさぞかし、自由に旅してまわっていたころをなつかしく思い返したことだろう。そんなとき、少々の誇張がまじったとしても不思議はない。それにまたピサの物語作家が聞いたとおりを書いたかどうか、いささか疑問である。おりおりはお得意の筆をはしらせ、よりたのしく、よりおもしろくするための工夫をまじえなかったとは誰にもいえない。

ほかにも理由はなかっただろうか。もっと微妙で、もっと厄介で、もっと根本的な理由である。文化的伝統とかかわっていて、総体的な「時代精神」に類しており、だからしてそれを免れるのが、はなはだもって困難な世の見方、人の見方——それが期せずして一人の誠実な報告者に「ホラ吹き」のイメージを押しつけたのではあるまいか。

その問題に立ち入る前に、まずはマルコの報告をながめておこう。

樽のような蛇がのし歩く

雲南地方へ使節にたったときのくだり。ヤチ市をたって西行すること十日、カラジャン王国に着いた。インドに近いこの国には、とてつもなく大きなヘビがいる。

「全くこの大蛇ときたら、見ればもちろんのこと聞くだにぞっとするしろものである。どんなに大きく、またどれほど長いかを説明しよう」

長さは十ペース（約十五メートル）、太さは十パーム（約二十メートル）、まるで樽《たる》のような体軀《たいく》をしている。マルコ・ポーロはさらにくわしく述べている。

「前半身の頭部に近く二本の短い脚がある。脚には脛《すね》の部分がなく、代りに三枚の爪がある。一つが大きくほかの二つは小さい。獅子《しし》やタカの爪に似ている。頭は非常に巨大で、大きなパン片よりももっと大きな目をしている。口も人間を丸呑みにできるくらい大きく、それに歯がまた巨大である」

　こんなに大きく、かつは獰猛《どうもう》なので、人も獣も恐れおののいており、まったくこわいものしらずでのし歩いている。

　とはいえ捕獲方法がなくもない。現地人はこの獣の習性を利用する。昼間は暑いので地中にひそみ、夜になると餌《えさ》を求めて出あるくのだが、その体軀が巨大でかつ重いものだから、砂地を通過すると、そのあとに「酒の詰った樽を引きずったような溝」ができる。そんな跡を見つけると、罠《わな》をしかける。斜面に太くて丈夫な杭を地中深く打ちこみ、杭の頭に剃刀《かみそり》や槍《やり》の穂先のような鋭い鉄の刃をつけておく。

「そのうちにいよいよお定まりの時刻になって、ヘビが水飲みに河へやって来るのだが、刃のついた杭を打ち込んだ地点に達すると、元来そこが険阻《けんそ》な斜面をなしている関係から、ヘビは転ぶような速さで降下する。したがってヘビの胴体は自然とこれらの刃に強くぶち当たり、胸から臍《へそ》のあたりまでが一面に切り裂かれて即死するに至るのである」

　いかにもヴェネツィアの商人らしく、マルコはこの蛇からとれる肝のことも、ことこまかに述べている。医薬として多方面に使われており、高値で取り引きされている。狂犬病にきくし、お産にもいい。難産で泣きわめいている女にごく少量を服用させるだけで、たちまち無事に分娩《ぶんべん》できる。ハレものにもきく。どんなにハレあがっていても患部にちょっと塗るだけで、すぐにハレがひく。さらにこのヘビの肉ときたら、とても味がいい。現地人の大好物だ。

「最後に付言しておきたいことは、このヘビは獅子やクマやそのほかの野獣が子を哺育《ほいく》している洞穴内にまではいりこみ、不意を襲って親子もろともこれを食ってしまうのである」

一角獣はスマトラにすむ

スマトラ地方にいるという一角獣の話。

「この地方には野生の象や、象よりはやや小型の一角獣が多数に棲息している。この一角獣は、毛が水牛に類し足が象に似ており、額の中央に非常に大きな黒い角を持つ動物であるが、この角では他を傷つけないで、舌と膝とで危害を加える」

ギュスターヴ・モロー《一角獣》（1885年頃、ギュスターヴ・モロー美術館所蔵）

それというのも、この一角獣の舌にはとても長くて鋭いとげがはえていて、怒りたけると相手を打ち倒して膝で押さえつけ、舌でもって傷つけるのだ。この獣の目は野猪《やちょ》と同じように「伏し目」になっていて大地に向かっている。泥沼が好きで、たいていは泥まみれ、みるからに恐ろしげな姿をしており、ヨーロッパで信じられている「あの可愛らしい一角獣」とは大ちがい。およそ似ても似つかぬものだという。それでもまだ信じてもらえないと懸念したのかもしれない、さらにつづけてマルコはいった。

「繰り返し断言するが、それはヨーロッパ人が伝えているようなものとは全く正反対の動物なのである」

そのころヴェネツィアに、インドからつれてきた「侏儒《しゅじゅ》」と称して見せあるく興行師がいたらしい。まったくのペテンだとマルコ・ポーロは主張している。人工的につくられたものであって、自分は実際にジャワで見た。小ジャワ島には、人間とよく似た顔つきの小型の猿がおり、これをつかまえ、「ある種の膏薬《こうやく》」でもって生殖器の部分以外の体毛を落とさる。それから猿の顎《あご》に長い髪を植えつけ、乾してヒゲに似せる。それでもまだ手足や五体のようすが人間らしくないときは、引きのばしたり、型にはめたりして作りあげる。

ランブリ王国はスマトラ北端の一地方らしいが、島でとれる珍しい香木につづいて、マルコ・ポーロはなんとも不思議なことを述べている。

「もう一件とても奇妙なことがらがあるからお伝えしたい。それはほかでもない。この国のたいていの男が長さ一パームの尾をほんとうにつけていることである。もっともかかる男たちは、都邑《とゆう》には住んでいないで、山間の盆地に居る。その尾はほぼ犬の尾ぐらいの大きさで毛がない」

ほかにもいろいろ奇妙な生きもののことが語られている。カタイ国に向かう途中のシリンジュー（西寧州）というところには、象ほどの大きさの野牛がいる。白色のものと黒いのとがいて、背中以外は毛でおおわれている。毛の長さは三スパン（約六十センチメートル）もあって絹糸のように美しい。マルコ・ポーロは見本をもっていたらしい。

「マルコ氏は珍奇な品だとしてその毛を少しヴェニスに持ち帰ったが、見せてもらった人々は異口同音に稀代《きたい》のしろものだと断じた」

この地方にはまたカモシカぐらいの小型の動物がいる。毛の密生した外皮に被われ、脚はカモシカとそっくりだが角がなく、細い牙が上下に二本ずつ、上向き・下向きにはえている。満月のころになると、この獣のヘソのあたりの「皮と肉との中間」に血の嚢胞《のうほう》ができる。これを捕えて嚢胞を切りとり、絞りとった血が、あの強い芳香を放つ麝香《じゃこう》だそうだ。

とりわけ奇怪なのは、ベンガル湾の南東洋上のアンダマン島に住むという「犬人間」の報告だろう。マルコ自身、「特筆されるべき種属」だと述べている。「嘘いつわりなくまったくほんとうに」、住人の頭も、歯も、眼も、犬に似ており、とくに頭部はまるっきり犬とそっくり。性質はいたって残忍で、ほかの部族の者をとらえると、食ってしまう。

マルコ・ポーロのメモ

ヴェネツィアの商人ニコラとマテオの兄弟が、ニコラの子マルコを伴って故里を出発したのは一二七一年である。当時、東方へ行くには二つのコースがあった。一つは陸路で、いわゆる「絹の道」、ユーラシア大陸を東西に結ぶシルク・ロード。おりしもモンゴリアから興ったチンギス・カーンが中国を制して元王朝をたてるとともに、またたくまに勢力を拡大し、やがて地中海にいたるまでの全アジアを支配下に収めた。それまで途中の国ごとの政治的対立から、しばしば交易がとだえたのに対して、いまやその障害が除かれた。マルコ・ポーロの時代はまたシルク・ロードが未曾有の活況を呈した時期でもあった。

もう一つは海路である。中国の港から東南アジアに通じていた海の道が、いつしかインド洋にのび、アラビア海をこえ、ペルシア湾に達し、西方と結ばれた。これは熱帯に産する香木や香料を運ぶのにうってつけで、いわばスパイス・コース（香料航路）である。マルコ・ポーロは往きはシルク・ロードにより、帰りは南海航路をとった。そのころ知られているかぎりの東西を一巡したわけで、つまりは世界一周旅行をした。

『東方見聞録』の叙述にしたがって、さらにくわしくたどっておくと、マルコの大旅行はシリアの小アルメニア国からはじまっている。ついでメソポタミアを縦断、ペルシア湾を船でわたってホルムズに上陸、ここから陸路をとって中央アジアを横断した。パミールをこえて中国に入り、天山山脈の南道づたいに長城を北に越え、一路草原を東進、内モンゴリア・ドロンノールの上都に入りフビライ・カーンに謁見。以後、十七年にわたり元朝に仕えた。その間、何度となく中国大陸を旅行した。使節として雲南へ出かけたこともあれば、インドに派遣されたこともある。

ヴェネツィアを出発するマルコ・ポーロ（『東方見聞録』、15世紀の写本、オックスフォード大学ボドリアン図書館所蔵）

帰路は中国のザイト・クーン港（福建省泉州）にはじまる。トンキン湾、南シナ海、マラッカ海峡、インド洋、アラビア海。あちこちに逗留《とうりゅう》しつつ黒海経由でボスポラスを通って西方に入り、一二九五年、「アドリア海の女王」とうたわれた水都ヴェネツィアに帰還した。『東方見聞録』は、この間の見聞をつぶさに語っている。

十七歳のマルコは、「とても賢明な上に慎み深い若者」であったという。彼はモンゴル語やペルシア語を、またたくまに習得した。

トルコ語もできた。珍しい事物に出くわすと、注意深くメモをとった。ジェノヴァの獄中にあって、そのメモをくりながら話をしたにちがいない。そうでなければ、これほど広範囲にわたる見聞を、これほどくわしく語れるはずがない。

彼はまたおりにつけ現物を持ち帰った。文中、カーンに献上してよろこばれたといった意味の記述があるし、また「絹糸のように美しい」野牛の毛のくだりからもあきらかである。東方から持ち帰った品々によって、マルコは一時、羽振りがよかった。そのため「イル・ミリオーネ（百万）」とよばれていた。はじめは東方からの品によって百万長者になったからだが、のちにはなにかにつけて「百万」のことばをさしはさむ「大風呂敷のマルコ」だった。つまりは「ホラ吹き」である。

一角獣とは何だったか

しかし、はたしてそうだろうか。その『見聞録』はいたって眉つば物の、大風呂敷の報告なのだろうか。むしろ彼は実際の見聞をもとにして、より正確に語ろうとしたからこそホラ吹きといわれ、「いかれ頭のマルコ」と呼ばれたのではあるまいか。つまりは世の通念とちがっていたからである。当時、誰もがいだいていた東方のイメージを裏切るものであったからだ。人々は新しい情報を前にして、伝来のイメージを尊重し、新しい事実は無視した。あるいはみずからのイメージに合わせて修正した。そのとき新しい事実の語り手はホラ吹きにならねばならない。「いかれ頭」の汚名を忍ばなくてはならない。

マルコ・ポーロが旅行の途中、詳細なメモをとっていたことは、「巨大なヘビ」の報告からもあきらかだ。それは南洋におなじみのワニにちがいない。長さ、胴の太さが少し大げさなこと以外は、ワニの生態を正確に語っている。その獣が歩いたあとに、「酒の詰った樽」を引きずったような溝ができるといったのは、まるきり未知の動物を身近な例でもって伝えようとしたからだろう。ワニの習性、捕獲の仕方もまたすこぶる正確である。

マルコ・ポーロの見たマダガスカル島のキリン、怪鳥、象（『東方見聞録』、15世紀初頭の写本、フランス国立図書館所蔵（fr. 2810））

スマトラ地方にいる一角獣とは犀《さい》のことだろう。ヨーロッパでながらく語りつたえられてきた一角獣は、世にも美しい動物だった。伝承によると、清らかな乙女の膝によってしか捕えることができない。古代の寓話《ぐうわ》このかたおなじみであって、イコノグラフィーではキリストの象徴にもなっている。教会の壁に刻まれたり、織り物や絨毯《じゅうたん》を飾ってきた。マルコ・ポーロはヴェネツィアの会堂や教会で幾度となく、美しい一角獣の織り物や図像を見ていたにちがいない。だからこそ現実の一角獣を報告するにあたり、それが伝わるところとは大ちがいだと強調した。泥沼を好み、獰猛な獣であって、「繰り返し断言するが、それはヨーロッパ人が伝えているようなものとは全く正反対の動物」なのだと力説した。

イタリアの興行師がつれあるいている「侏儒」についてだが、そのもとになった小型の猿をマルコ・ポーロはたしかに見かけたと思われる。のちの研究者がたしかめたところだが、ボルネオとスマトラに限って類人猿・オランウータンが棲息している。オランウータンとはマレイ語で「森の人」、うしろの二本足で直立し、かつは歩行する特徴から人間に擬《ぎ》せられたせいである。「この点からも」と、『見聞録』の訳注は述べている――「マルコ・ポーロが言うような加工人間の作製が可能であろう。体長は約一・五メートルを最大とするから、侏儒にしたてるには適当なのである」

チパング島の金と真珠

ためしに動物以外の報告もみておくと、中国のカタイ地方には「燃える石」がある。黒色で、石材と同様に山から掘り出されるが、薪《まき》のようによく燃える。はじめは少し焔《ほのお》をあげるが、あとは木炭のように赤熱しつづける。しかも非常な高熱を発して、薪などよりもずっと火もちがいい。夜分にこの石を火の中に投じておくと、夜中燃えつづけ、朝になってもまだ燃えている。

おわかりのとおり石炭である。中国ではすでに六世紀はじめに石炭が使われていた。唐へ留学した慈覚大師の『入唐求法巡礼行記《にっとうぐほうじゅんれいこうき》』にも、山西省の石炭についての記述がある。マルコ・ポーロの故郷ヴェネツィアは、かねがね燃料不足に悩まされてきた。水運の街は、たえず手をつくして多量の薪を買いこまなくてはならなかった。だからこそ若いマルコは中国で、ひとしお注意深く「燃える石」を観察していた。ことのほか火もちがいいので、いつでも風呂をわかすことができる。貴族や金持は、めいめいが自宅に浴場をもっていて、毎日のように湯あびをしていると羨《うらや》ましそうに述べている。

「黄金島」についてはどうか。

「チパング（日本国）は、東のかた、大陸から千五百マイルの大洋中にある、とても大きな島である」

この国ではいたるところに黄金が見つかるので、誰もが莫大《ばくだい》な金をもっている。国王の宮殿は純金ずくめ、屋根もまたすべて金、部屋の床は指二本幅の厚さをもつ純金で敷きつめられ、さらに広間といわず窓といわず、いっさいが黄金づくり――

「げにこの宮殿はかくも計り知れない豪奢《ごうしゃ》ぶりであるから、たとえ誰かがその正しい評価を報告しようとも、とても信用されえないにちがいない」

マルコ・ポーロはチパング島が産する多量の真珠のことも述べている。バラ色をした、円くて大きな、とても美しい真珠である。この国では土葬と火葬がともにおこなわれているが、土葬に際しては、真珠の一つぶを死者の口に含ますならいになっている――

まさしくマルコが恐れたとおり、ほとんど信用されなかったのだが、とりたてて彼はつくり話をしたのでもなく、大風呂敷をひろげたわけでもなかったのである。わが国から商船に託して遣唐使、遣唐僧のもとに届けられる留学滞在費は、ほとんどすべて砂金であったし、また朝廷の使いが持参してくる貢納物には、必ずといっていいほど金銀蒔絵《まきえ》の調度品が含まれていた。海の向こうの神秘的な島国がとてつもない産金国であるというイメージは、唐宋以来の中国人、とりわけ東海方面の貿易に従事する商人たちのあいだにひろまっていた。マルコ・ポーロは当時の中国人一般にあったイメージを代弁したまでである。

またチパング島由来の真珠については、中国の文書にひんぱんと記されていて、『三国志』巻三十の「魏志《ぎし》」東夷《とうい》伝《でん》にすでに、倭人国《わじんこく》が真珠・青玉を産出し、その女王からの貢物《みつぎもの》が白珠五千枚からなっていたと記録しているという。死者の口に玉を含ませる「含玉の風」は、中国の秦漢時代にはじまっていた。それがわが国につたわり、墓葬の儀式に行われていたとしても不思議はない。

では、尻尾《しっぽ》をもった人間というのはどうなのだろう。ベンガル湾上アンダマン島に住むという「犬人間」はどうなのか。マルコ・ポーロはそれらをほんとうに見たのだろうか。それとも、おりおりは興にまかせて口から出まかせのホラを吹いたのか？

2　アジアとヨーロッパ——幻獣という知の遺産

不思議の国、インド

ヨーロッパ人にとって、東方とは永らくインドのことだった。それは不思議の国であって、そこには世にも珍しい品があふれている。世にも珍しい生きものがいる——

古代ギリシア人が「原型」をつくった。紀元前四世紀のはじめ、クニドス生まれのクレシアスという男がいた。医師としてペルシア王の宮廷に仕えた。その間の体験を報告したなかでインドのことに触れている。彼はホメロス以来、おなじみのイメージに加えて、自分が伝聞したところをつけたした。インドには「背丈が子供のような大人の種族」がいる。一本足だが風のように早く走り、太陽が照りつけると、その足を日傘のようにのばして影をつくる者たちのこと。犬の顔をもった人間がいる。

「彼らはことばを話さず、犬のように吠える」

頭のない人間がいて、その顔は両肩のあいだにある。八本指の民がいて、彼らの髪は三十歳までは白く、三十をすぎると、しだいに黒くなっていく。この者たちは巨大な耳をもっており、その耳は両腕、また背中を覆いかくすほど大きい。

クレシアスの報告によると、さらにインドのある地方には尻尾をもった巨人どもが住んでいる。その尻尾は「絵にみるサテュロスのそれ」とそっくり。報告はまた人頭、獅子の胴、サソリの尾をそなえた生きもののことも伝えている。あるいは頭と翼が鷲、胴が獅子の怪獣。これは黄金の見張りをする。

紀元前三二六年、マケドニア王アレキサンダーは大軍を率いてインドに向かった。王自身のインドについての知識は、いたってお粗末なものであったようで、インダス河のほとりにきたとき、ナイル河の源流を見つけたと考えた。インドとエチオピアの混同であって、それは中世にいたるまで変わらなかった。

アレキサンダー大王は遠征にあたり、多くの学者を引きつれていった。彼らが書きのこしたものは、おおかたが失われたが、のちの時代にさまざまな刺激を与えたにちがいない。

ヨーロッパ千五百年を呪縛

メガステネスのインド報告はそんな一つだろう。すでに大王の死後のことだが、メガステネスはマケドニアの使節として、当時インドで最強とうたわれたチャンドラグプタ王のもとへ派遣された。その宮廷はガンジス河のほとり、現在のパトナ近辺にあった。このメガステネスは、博物学者のストラボンやプリニウスらに大きな影響を与えた人物として知られている。インドの地理や歴史、産物や神話をめぐる初めての包括的な報告をなしたからだ。それは質量、また信頼度の点で抜きん出たものながら、そこでもメガステネスは旧来の「驚異の国」の見方は忠実に踏襲している。

インドには翼をもった蛇がいる。巨大なサソリがいて、翼をもち、大空を飛ぶ。黄金を掘り出すアリがいる。メガステネスはまた「足が逆さまの種族」についても報告している。つま先がうしろで、踵《かかと》が前についている。ある人々は口をもたず、もっぱら匂いを食べて生きている。また一方では鼻の穴のない種族がおり、その上唇は下唇よりもグンと前につき出ている。犬の耳をもち、一眼の人間がいる。その眼は額のまん中についている――

メガステネスのインド報告は、その後千五百年以上にわたってヨーロッパ人の想像力を呪縛した。やがて西アジアやインドで生じた政治的混乱により、通交の道が絶たれたせいもある。情報がとだえた。紀元前二四七年、イランにパルティア王国が起こり、アショーカ王以来のマウリア朝は衰亡に向かった。紀元前一八四年には王が殺され、マウリア朝は滅亡。スキタイ人が侵入、やがてササン朝ペルシアが勢力をひろげてくる。

陸路は絶たれたが海路があった。紀元一世紀のことだが、ヒッパルスという船長がモンスーンの利用法を発見、以来インドとローマを結ぶ海の道が大きくちぢまった。しかし海による交易は、ほぼアラビア人に独占されており、ヨーロッパ人との直接の接触は、いたって稀なケースだった。古代ローマと中世を通じて多少ふえたにせよ、東方に関するヨーロッパ人の知識はクレシアスやメガステネスの報告にとどまった。

耳で全身をつつむ

それにしても、どうして彼らはこれほど馬鹿げたことを、大まじめに書きつづったのだろう？　クニドス生まれの田舎医師はともかく、メガステネスは当代きっての知識人として知られた人だった。それがどうして「足が逆さまの種族」や一眼人などのことを得々と報告したのか。

いくつかの理由が考えられる。知られるようにギリシア神話は多くの半身半獣の生きものを生み出したが、それと同種のもの、あるいは部分的な変種を異国に押しあてたケースもある。それなりに事実を伝えたものもある。クレシアスやメガステネスの伝えている一角獣は、すでに述べたようにインドの犀にちがいない。クレシアスは一角獣の角が万能の霊薬になることを述べているが、それはインドや中国で久しく巷間《こうかん》に語りつたえられてきたところである。

口承の文学を通じて情報をえたせいもあっただろう。インドのブラフマンは多くの驚異を物語ってきた。彼ら高い尊敬をかちえている哲学者たちのいうところを疑う理由は何もない。「巨大な耳」をもつ種族は、ヨーロッパの神話には未知のものだが、インドの語り物には、おなじみであって、そこでは「カルナプラ　ヴァラナ」といわれている。「耳で全身をつつむ」といった意味である。サンスクリット語でつたわる話の一つは、黄金を見つけだすアリのことを語っている。

おりおり批判的な声があがらないでもなかった。ストラボンは一世紀はじめに著した『ゲオグラフィカ』のなかで筆鋒鋭く前代の「嘘つき」たちを槍玉にあげている。インドに関するデタラメをふりまいた元兇《げんきょう》はダイマコスだという。メガステネスと同様、インドの宮廷に派遣された。ただダイマコスの報告は失われ、後世につたわっていないので、ストラボンがいかなる点でこれを元兇としたのかはわからない。

サント＝マドレーヌ教会（フランス、ヴェズレー）壁面彫刻の「大耳人間」(12世紀、photo by Han van Hagen CC BY-SA 3.0)

つづいてはメガステネスで、さらにアレキサンダー軍の海軍の水先案内人だったオネシクリトス、また同じ海軍の提督だったネアルコス。彼らは巨大な耳をもつ人間を捏造《ねつぞう》した。口のない人間、一眼人、踵が前についているといったたぐいの荒唐無《こうとうむ》稽《けい》をふりまいた……。

ストラボンにおくれること百五十年ばかりのローマにアウルス・ゲリウス

ていという学者がいた。アテネに留学し、イタリアに帰る途中でブリンディシの町を歩いていて、二、三のモリシアの書物を見つけた。「声望高き著者によって記された世にも愚かしいことども」だという。クレシアスやメガステネスのインドであったようだ。「ここに中味を書きうつすだけで嫌悪の念の黙しがたい」と、アウルス・ゲリウスは述べている。

ヘレニズム世界にも、「驚異の国」に疑いをさしはさむ人がいたわけだ。だがそのストラボンにしてもみずからの地理学をまとめるにあたっては、インドに関する資料の大半をメガステネスやアレキサンダー大王の時代の記述に仰がなくてはならなかった。東方についての知識そのものが、以後、さして変化をみせていないのである。

神は幻獣を認めない

中世を通じてひろく読まれたものにプリニウスの『博物誌』がある。前代までのさまざまな資料を豊富に、また無批判に集めたものであって、この点、プリニウスはストラボンとちがい、いたって寛容だった。インドに関する章は、つぎのように書きだされている。

「インドとエチオピアは、とりわけ驚異にみちている……」

プリニウスにつづいてソリヌスが大著をあらわした。多くをプリニウスによりつつ、さらに広範囲にこの世の不思議や驚異を集めたものである。五世紀の地理学者マルティアヌス・カペラは地理学上の神話を重視した。神話には当然のことながら、多くの奇妙な種族の話が含まれている。カペラの神話的地理学もまた中世を通じて愛読された書物の一つだった。

　ここに「創造主たる神」をめぐっての厄介な問題がかかわってくる。キリスト教は古代の異教的遺産のような奇妙な生きものを、そのまま認めるわけにはいかないのだ。それは聖書の述べるところと一致しない。神ははたしてそのような異様な生きものを創造しただろうか。もし彼らが実在するならば、神はなんらかの意味をこめてこの世に送り出したにちがいない。聖アウグスチヌスの『神の国』第八章は「異形の者たちはアダムの末裔《まつえい》なのか、それともノアの息子なのか？」と題されている。『創世記』第九章のつぎのくだりにもとづいてのことだろう。

「ノアの子等の方舟《はこぶね》より出たる者はセム、ハム、ヤペテなりき、ハムはカナンの父なり。これらはノアの三人の子なり、全地の民はこれらより出て蔓延《ひろが》れり」

　では、アウグスチヌスは異形の者をどのように意味づけたか？

　奇妙な生きものに関する報告は真実ではないかもしれない。仮にそれが実在するとしても、それは人間ではないのではあるまいか。もし実在して、なおかつそれが人間だとするとアダムの末裔にちがいない。人のなかにも逸脱した子が生まれるように、人類のなかにも逸脱した民がいる。逸脱の子もまた人の子であるように、逸脱の民も父なる神の子にちがいない。いかなる人間にも逸脱の民を否定する権利はない。なぜならばすべての創造主たる神は、どこで、いつ、いかなるものがつくられたかを承知しており、またいかなるものがつくられるべきかも知っている。すべては全体の美なるものに仕えるものであって、他と相違する者たちもまたそのための効用をおびている——論拠がまるで巧妙な戦略のようにしてすすめられていく。まわりくどいのをひとことにしていえば、さしずめこうだろうか——神は奇妙な生きものを創造した。われら人間に、畸型もまた神の英知を損うものではないことを知らしめるためである。

アウグスチヌスの論法が中世を通じての規範となった。奇妙な生きもののおびている効用は、さまざまに意味づけされたが、とりわけ異形がかきたてる不安と恐怖によってであろう、それは「予言性」という点で巷間に受け入れられた。予言者、魔術師としての逸脱者である。あるいは異変を告知するものとしての幻獣である。それ自体はむろん、中世の産物でもなんでもない。ローマよりもギリシアよりも古く、バビロンの予言者たちの愛用したところだった。ことによると人類の記憶と同時に発生した見方かもしれない。

いたるところに奇妙な生きものがいる

美術史家のルドルフ・ウィトコーヴァー（一九〇一—七一年）はミュンヘンとベルリンで学んだのち、イタリアに滞在してベルニーニを研究した。ナチス・ドイツを逃れてイギリスに亡命したのちは、主としてロンドンのワールブルク研究所で図像を手がかりとするイコノロジーの研究をつづけた。死後に出版された著作の一つ『アレゴリーとシンボルの変遷』には、中世やルネサンスの写本や木版本にみる挿絵が数多く紹介されている。

いたるところに奇妙な生きものがいる。太い帯のようにダラリと垂れた両の耳を両手で掲げて立っている「大耳人間」。彼はロンドンの図書館所蔵の写本にもいれば、イタリア・モンテカチーノの法典にもあらわれる。「狼男」はミュンヘンの古文書館にもいるし、フランス片田舎の教会の柱にもいる。顔が前後に二つあるヤヌス人間、一本足、百頭女。それぞれがアレゴリーであるとともに宗教的なモラル説法にも使われた。ロンドンのウェストミンスター寺院付属の図書室には、この種の一覧表といったものがあり、ベルギーの古都ブリュージュにも、ドイツの古都アウグスブルクにも同様のものがそなわっている。民衆用の稚拙《ちせつ》な「おどし絵」といったものにかぎらない。

アンドレ・テーヴェ『博物誌（*La cosmographie universelle d'André Thevet*）』の挿絵（1575年）

十六世紀フランスに生きたアンドレ・テーヴェ（一五一六—九〇年）は、世に知られた博物学者で、王侯たちの支援のもとに多くの著作を出した。この時代にもっとも人気のあった著述家だった。その『東方紀行記』の一節だが、紅海を渡って対岸に着くと、インド人が集まってきた。

「……彼らは一人の奇妙な生きものをつれてきた。からだは虎ほどあって、尻尾がなく、顔は人間だった。なかなか美しい顔立ちをしていた」

テーヴェはおそらくオランウータンを見たのだろう。しかし、挿絵家はケンタウロスのような半人半獣の生きものの姿をつけている。ひろくつたわる旧来のイメージに従ったからである。

目に見えない水路

ほぼ同時代のドイツ人セバスティアン・ミュンスター（一四八八―一五五二年）は、テーヴェとともに人気のある著述家だった。彼は文字どおりの大博物学者であって、バーゼル大学でヘブライ語、神学、地理学、天文学、数学を教えた。一五四四年に世に出た『博物誌』は、当時知られていたすべての国々と人間の風俗、風習、習慣などを網羅し、十七世紀、さらに十八世紀にも版を重ねた。

ミュンスターはその本のなかで「古代人の妄想」を槍玉にあげている。根も葉もない驚異をいいたてて、神の力を疑わしめるようなデタラメをふりまいたというのだ。ついてはここに「より正確な」異国と異国人を紹介する――

ミュンスターの著述には数多くの木版画がついていた。だからこそ人気があったのだが、しばしば本文が疑問視したまさにそのものが絵でもって示されていた。一眼国の住人、首なし、スキヤポデス。胸に鼻や口のある人が狼男と向きあって立っている……。

　旧来の見方と学問との奇妙な混在のケースとして、ウィトコーヴァーは十七世紀イギリスの人類学者ジョン・ブルヴァーをあげている。彼は人体のもつ柔軟性から、奇形は人工の産物と考えた。みずからを鍛錬して理想のからだにつくりかえることができるように、人は望むならば不完全なからだを生み出すこともできる。ジョン・ブルヴァーは刺青《いれずみ》や耳たぶや唇を大きくする風習を例にあげて説明した。

「ある種族は好んで顔を肩にうずめる」

　意図してそれをくり返せば、いずれは顔が肩にうもれる。ジョン・ブルヴァーの『人体変容論』（一六五三年）には顔が胸部にめりこんだ人体が当時の学問書のスタイルで、きわめてリアルに描かれている。

　現代の大博物学者荒俣宏氏によると、架空の生きものが博物誌から消えるのは十八世紀後半以降で、リンネの分類体系にはサテュロスなど若干の生きのこりはあったものの、ビュフォンの『博物誌』にいたり、現実の生物分類から完全に消し去られた。これに代わって医学的見地からみた新しい概念が生じてくる。たとえばルソーは人工改良された花や家畜を奇形とよんだ。ディドロは『ダランベールの夢』で、シェリー女史は『フランケンシュタイン』で、それぞれ人工的につくられた生物に「怪物」のイメージを与えた。アメリカのバーナム座のように奇形の見世物で大当りをとる興行師もあらわれた。

おもてだっては地上から姿を消したが、この知的遺産は目に見えない水路によるかのようにして、のちのちの時代につたわっている。しずかに意識の下を流れ、イメージの重なりのなかにまじって、やがてときならぬところにあふれ出る。

時がいのちを喰らい

ボードレールの詩集『悪の華』第十歌は「敵」と題されている。ソネットの形式をとって、それはつぎのようにうたい出されている。

私の青春は　ただまっくらな嵐ばかりで、
ところどころに輝く日ざしが落ちたにすぎない。
雷と雨とかあまりにも荒れ狂ったので、
私の庭には赤い木の実もろくに残っていない。(安藤元雄訳)

天候に託して詩人が自分の青春を述べている。むかしから詩や歌におなじみのところであって、とりわけロマン派が愛用した。

永井荷風の訳詩集『珊瑚集《さんごしゆう》』に収められた訳では、つぎのとおり。

若きわが世は日の光ところまばらに漏《も》れ落ちし
暴風雨《あらし》の闇《やみ》に過《す》ぎざりき。
鳴る雷《いかづち》のすさまじさ降る雨のはげしさに、
わが庭に落残る紅《くれなゐ》の果物《くだもの》とても稀《まれ》なりき。

第一連では、詩人が直接、顔を出しているわけではなかった。「私の青春」「私の庭」とあるだけだった。第二連にいたって「私」が出てくる。

そしていま　私も思念の秋にさしかかり、
シャベルや熊手を使わなければならなくなった（安藤元雄訳、以下同じ）
洪水にさらされた地面をもう一度ならしたいのだが、すでに「墓のような大きな穴」が、いくつも水にえぐられている。この荒れはてた土地に、はたして自分が夢みた新奇の花々は、無事に根をのばすことができるだろうか。

――おお苦しみよ！　苦しみよ！　「時」がいのちを喰《く》らい、
私たちの心臓をかじる無気味な「敵」が

私たちの失う血を吸って育ち　肥えふとる！

はじめの三連が一人称の「私」でうたわれてきたのに対し、最終一連で、突如、それが「私たち」にかわる。詩人が自分と読者とを結びつけた複数形にちがいない。読者はこれまで、ただながめてきた。「私」の嘆きは、あくまでも他人の嘆きだった。ところが最後にきて、にわかに雲行きがあやしくなった。荷風訳ではこうである。

あゝ悲し、あゝ悲し。「時《とき》」生命《いのち》をくらひ、
黯澹《あんたん》たる「仇敵《きうてき》」独《ひと》り心にはびこりて、
わが失へる血を吸ひ誇《ほこ》り栄《さか》ゆ。

読者は好むと好まざるとにかかわりなく、「時」がいのちをくらうのを思い知り、ひそかに暗い「仇敵」と対面しなくてはならない。タイトルの「敵」は、あきらかに「時」のことだろう。時が敵である。原詩では時 (Le Temps) と敵 (Le Ennemi) の二つの単語だけが大文字で書かれていて、ひと目でわかる。シンタックスの点からも、すぐに察しがつく。この「時」は単なる時間ではないだろう。ここには季節がこめられている。はじめに天候が語られていた。それは季節とかかわり、第二連の私と結びついた。まったく女ごころにもまし

て秋の天気は変わりやすい。

ともにこれは人生の秋でもあるようだ。第一連の春の嵐、青春と対比しあっている。青春と春、老いと秋とは伝統的な比喩であって、さんざん使われてきた。オイディプスが解いたスフィンクスの謎も、これと関連していたはずである。

では「時がいのちを喰らい」はどうだろう。この「時」が、時間と季節の移ろいとに重ねてあることは、いまみたばかり。時の流れが無慈悲なことをいうだけなのか。では、なぜ時が喰らったりするのだろう？　どうして食べなくてはならないのか。

頭が星に接する巨竜

古代ギリシアやローマ人は、さまざまな幻獣を生み出した。それらはおおかた、おなじみの動物の組み合わせからできていた。ライオンの胴にワシの頭と爪をつけたのがグリュプス。ギリシア神話によると、グリュプスはアポロンの聖獣であるが、またデュオニュソスとも関係があって、酒の入った甕《かめ》を守っている。べつのいいつたえによると、リーパイオス山中に棲《す》み、黄金を守護している。力強さ、知恵などの象徴であったが、キリスト教が入ると悪魔の化身に下落した。

鳥とヘビを組み合わせたのがバシリスクで、アフリカの砂漠に棲み、その目でにらみつけて人を殺す。コカトリスともいって、ヘビにあたためられた鶏卵から生まれ、これもまた邪眼で人をにらみ殺す。

デュポンとよばれる途方もなく巨大な竜がいた。その頭は星に接し、両手をのばすと東西の果てまでとどくほど大きい。百頭で、腿《もも》までは人間、その下は巨大なヘビがとぐろを巻き、全身が羽毛でおおわれ、目から火を吹く。ギリシアの洞穴に生まれ育った。その洞穴はコリュキオンとよばれ、「なめし革の袋」といった意味。一説によると、袋の中に風を閉じこめた古代の慣習が、この獣に反映しているという。デュポンという名前は「びっくりさせるような煙」の意味で、火山の爆発が生みだした幻想という解釈もある。しかし、またべつの説によると、デュポンは、南方の砂漠から吹きつけてくる熱風、つまりはシロッコをあらわすという。

いずれにせよ、人間の手におえない自然現象が想像力に働きかけて生み出したものにちがいない。そのような恐ろしい獣が、しばしば守護の役をおびて出てくるのはどうしてだろう？　囚《とら》われの乙女を守っている。ヘスペリデスの金のリンゴを守っているのも竜である。あるいは神殿や宝物を守護している。その強さが役割を転じさせたとも思えるが、むしろ竜をあらわすギリシア語のドラコンが、「鋭い目で見る」という意味のことばに由来するところからきたようだ。

ケンタウロス——獣性と精神性

ミノタウロスは牛頭人身の怪物である。一度入ると出口がわからなくなる迷宮ラビュリントスに棲み、迷いこんでくる者をすべて殺す。英雄テーセウスはアリアドネの助けのもとにこの怪物を退治した。ミノタウロスとは「ミーノースの牡牛《おうし》」の意味で、先史時代にクレタ島で栄えた華麗な文化の遺跡に牡牛崇拝のあとがみられ、またラビュリントスは「両刃《もろは》の斧《おの》」より出た名前であって、これもかつてクレタ島で使われていた。だからミノタウロス伝説は、遠い過去の文化の記憶をつたえるものとされている。

山羊《やぎ》座のカプリコルヌスは半分魚で半分山羊の姿をしている。冬至の象徴とされるが、古代バビロニアの魚の神の変化したものらしい。十二宮のもう一つの象徴動物であるケンタウロスは半人半馬、獣性と精神性から成り立つ人間の全性質をあらわす。ケンタウロスがもつ弓矢は、力と能力のシンボルであり、彼は正確に四十五度の角度で矢を射ることができる。

一眼の巨人がキュクロープス。もともとは野蛮で、人をくらう乱暴者とされていたが、ゼウスとクロノスとの闘いに際し、ゼウスに雷光と雷霆《らいてい》を与えて勝利に導いたことから、のちに神の鍛冶《かじ》師となった。

わが子をくらうサトゥルヌス

スペインのプラド美術館にゴヤ作「サトゥルヌスが子をくらう」の絵がある。おどろおどろしい怪物がわが子を頭から食べている。サトゥルヌスはローマの古い農業神で、黄金と第

ゴヤ《サトゥルヌスが子をくらう》(1820-23年、プラド美術館所蔵)

七天の支配者だったが、のちに冬至と関連づけられるようになって死と結びつけられた。そのためやがて、鎌を手にした老人、あるいは死神としてあらわされた。ギリシアのクロノスと同一視され、クロノスがゼウスに王位を奪われたのち、イタリアに来住、カピトリーヌスの丘に町をつくり、これを「サトゥルニア」と名づけたとされている。これにちなむのが十二月のサトゥルニア祭で、一週つづき、さまざまな贈物が交換された。クリスマスの前身である。

このクロノスは巨人族の一つで、伝承によると黄金時代の王であり、人類に多くの幸をもたらしたとされている。そのためローマではサトゥルヌスと同一視されるにいたったらしい。クロノスはさらに「時」を意味するラテン語のクロノスと同音で、しばしば混同が生じた。ゴヤの「サトゥルヌスが子をくらう」はまた「時が子をくらう」であって、ヨーロッパの絵画にしばしば見かける主題である。詩人のいっぽうで、すぐれた美術批評家でもあったボードレールは、おりおり『ロス・カプリチョス』の画家を共感こめて語っている。たとえば『悪の華』の第六歌の「かがり火」には、つぎのようなくだりがある。

ゴヤ、見たこともないものでいっぱいの悪夢、
魔女の饗宴《きょうえん》のさなかに煮られる胎児とか、
鏡に向う老婆とか、素裸の娘たちが、
悪霊を誘惑しようとストッキングを直すとか。

たとえボードレールが「サトゥルヌスが子をくらう」は知らなくとも、イコノグラフの知識によりサトゥルヌスとクロノス、さらにはもう一つの「時」のクロノスのつながりについては知っていたにちがいない。そうでなくては同じ『悪の華』第八十歌の「虚無の味覚」で、つぎのようにうたったりはしなかっただろう。

そして「時間」が刻一刻と私を呑みこんで行く、
硬直した死体を大雪が呑み尽すように。

「時」がいのちを喰らうのあと、どううたわれていただろう？　最終二行、「敵」が自分たちの心臓をかじり、血を吸って肥えふとる、とあった。荷風訳では「わが失へる血を吸ひ誇り栄ゆ」である。これはいったい、どういうことなのだろう？

アレッツォのキマイラ（紀元前400年頃、フィレンツェ国立考古学博物館所蔵、photo by Sailko CC BY-SA 3.0）

ヨーロッパの文化的鉱脈

『イーリアス』第六巻に、翼をもつ馬ペガソスにうちのり、高く飛んで、ライオンの頭と、ヘビの尾と、山羊の胴をもち、口から火を吐く怪獣キマイラを退治した勇士ベレロポンのことが出てくる。ついては「哀しき心の状態」について語られている。ベレロポンは、かつては神々に愛されていたが、いまでは憎まれている。いまやベレロポンは孤独を好み、人目をさけて、ひきこみたがる。ホメロスによると、このような心の状態は「メランコリーという狂気」がしでかしたもので、メランコリーは「心臓を噛《か》む」のである。そして血をすすって、ますます大きくなる。すなわち、「私たちの心臓をかじる無気味な「敵」が／私たちの失う血を吸って育ち　肥えふとる……」

一篇の詩にまじりこんだ一つの比喩のなかに、ヨーロッパの文学遺産といったものがかいま見えないだろうか。古典ギリシアに生まれ、ホメロスを経由して、微妙に姿を変えながら故事伝承となり、あるいは絵画の主題となった。それについてはことさら学ぶまでもなく、いつのまにか人々の知識の棚に収まっている。パリの憂愁詩人が老いを嘆きつつ過ぎ去った青春を思い返したとき、おのずとそれが顔を出した。第三連で詩人が夢みた「新しい花々」は、パリの巷《ちまた》に咲く悪の華であるとともに、遠い黄金時代の庭や森で咲き、無邪気な小鳥のさえずりにつつまれていた花でもある。「時」と季節、そのうつろい、さらに憂愁《メランコリー》を踏まえたイメージの重層のなかに、ひそかな文化的鉱脈といったもののつらなりがうかがえるのだ。

3　不思議な生きもの、不思議な人——狂気と文学のあいだ

女になりたい

名前をダニエル・パウル・シュレーバーといった。一八四二年、北ドイツ・ライプチヒの生まれ。二十七歳のとき法学博士となり、有能な司法官の道を歩んだ。四十二歳のとき最初の精神変調の兆《きざ》しをみせ、ライプチヒ大学精神科に入院。このときは、ほどなく回復して地方裁判所長として復職。五十一歳でドレスデン控訴院議長になったが、やがて再発、強度の幻覚症状を示した。医者の診断はパラノイア。

「私はこれから、私を襲った二つの神経病の期間における私の特別な個人的運命について語ろう」（傍点原著者）

どちらの場合も、職場における精神的な過労の結果であったという。再発のところで述べている。

「二度目の神経症は一八九三年に始まり、今なお続いている」

つまりシュレーバーは、まさに病いのさなかに手記を書いた。精神病院の壁の中の、ほと

Denkwürdigkeiten
eines
Nervenkranken
nebst Nachträgen

und einem Anhang über die Frage:

„Unter welchen Voraussetzungen darf eine für geisteskrank erachtete Person gegen ihren erklärten Willen in einer Heilanstalt festgehalten werden?“

von

Dr. jur. Daniel Paul Schreber,

Senatspräsident beim Kgl. Oberlandesgericht Dresden a. D.

Oswald Mutze in Leipzig.
1903

『シュレーバー回想録』初版の扉

んど監禁状態でメモをとり、それをもとに一九〇〇年二月、『回想録』の執筆をはじめた。同年九月、全二十二章からなる本文を完成。二年後に退院して妻のもとにもどるまでの間、「補遺」等をつけたして一九〇三年に刊行した。

その『シュレーバー回想録』によると、再発の前後のころ、彼は「若干の夢」をみた。しかし、当時はさして注意を払わなかったし、それがのちの経験にてらして、自分の中に取り込まれた「神の神経の繋《つな》がり」と関連しているなどとは気づかなかった。

ただ夢の中で限りなく不幸だった。さらに、ある日の明け方、まだベッドに横になっていたとき、ひどく奇妙な、ある知覚を受けた。

「それは、女であって、性交されているならば本当に素敵であるに違いない、という観念であった」

それはこの控訴院議長にとっておよそ容認できない知覚であって、当然のことながら彼は

「非常な憤怒でもって却下」した。だが、怒りをもって退けたにせよ、たしかにこのような「観念」を自分に吹き込んだ「何らかの外的な影響力」のかかわっている可能性までは否定しきれなかったという。

世界没落の幻覚

『回想録』全体をつらぬいているテーマの一つ、女性への変身が告げられるくだりである。それは多くの章にわたって見られるところであり、この観念こそシュレーバーの症状の核とする見方がある。フロイトはもっぱらこの一点に注目して、「自伝的に記述されたパラノイアの一症例に関する精神分析学的考察」を発表した。そしてパラノイア一般の起源に、抑圧された同性愛をみた。

これ以上に大きな誤りは考えられない、とエリアス・カネッティは『群衆と権力』のなかで述べている。この症例をつらぬく本質はむしろ、「妄想的な世界の構造」であって、その世界への「住みつき方」にある。読者はシュレーバーの創造した世界、あるいは「このような現象に対するわれわれの慣用的な呼び方に従えば、彼の「妄想」という脈絡から取り出して、それをわれわれ自身のもっと普通の言葉に移し換えなければならない」

精神病理学では「世界没落」の幻覚と呼ばれるらしい。『シュレーバー回想録』には世界没落のイメージが克明に記されている。それは身の毛のよだつほど恐ろしいものであったが、と同時に、とてもことばではいいあらわせないほど雄大な景色でもあった。

あるとき「私」は、まるで鉄道車両の中にいるかのように、あるいは昇降機にすわったままのような状態で地球の深部へ降りていって、「人類あるいは地球の全歴史」を逆行するかたちで経験した。さらに乗り物にすわって前方へつきすすんだところ、「人類の原始原」を示す第一地点に足を踏み入れた。すでに後方の立坑《たてこう》は崩れ去っている。

「第二の立坑も崩壊したとの知らせが届いたとき、すべては失われたのである」

べつのときに「私」はラガド湖からブラジルまで地球を横断した。そしてその地で、押し寄せてくる黄色い高潮に対し、神の国を守るための大いなる壁を建造した。天上界の高みから、青い大空のもとに静かにやすらった地球をながめていたこともある。またあるときは下着姿で寝室の床板の上にいた。

「背中に後方で床につけていた両手が、そのとき、熊のようなもの〈黒い熊〉によって、時々、感触できるかたちで高く持ち上げられた。他の〈黒い熊たち〉、大きなものや小さなものが、燃えるような目で私の身近にすわっているのを私は見た。私の寝具は、いわば〈白い熊たち〉の形になっていた」

ある夕方おそく、病院の庭の木々の上に、燃えるような目をもった猫たちが現われた。

数ミリの大きさの男たち

その間にも女性への変身は刻々とすすんでいた。まず男性生殖器（陰嚢《いんのう》と陰茎）が体内へと「撤収」され、ついで内生殖器の同時的改造のもとで、相当する女性生殖器へと変化せしめられる、というぐあいに生じたという。それはおそらく「幾百年もの眠りの中」で起こったのだろうとシュレーバーは述べている。退化あるいは発達過程の逆転が生じたのであって、そのような「脱男性化の奇蹟」を彼は二度にわたって体験した。

とりわけ奇妙で、なかんずく印象深いのは「チビ男」のくだりである。それは最初、きわめて小さい人間の形をして現われた。数ミリの大きさで、「完全に消滅する前の魂たちの最終の存在形式」だとシュレーバーは判断した。「幾千とまではいかないまでも幾百となく私の頭の上で、いわば、したたり落ちた夜もあった」

べつのときには、そっくりよく似た二人の形であらわれた。その「チビ男」の一方をシュレーバーは「チビのフレヒジヒ」と名づけた。もう一人は「チビのフォン・W」である。彼らは主にシュレーバーの両足の中にいて、たえず何やらしゃべっている。あるいは眼の上の眉毛の中にいて、そこから細い蜘蛛《くも》の糸のようなものをのばして「私」の眼瞼《まぶた》を引っぱり上げたり引き下ろしたりした。我慢できなくなって逆らおうとすると、「チビ男たち」は怒りだし、「売女《ばいた》」などと叫びたてる。スポンジで眼から拭《ふ》きとってみたが、一時的な効果しかなかった。

そっくりさんの二人組のほかにも、おびただしいチビ男がいた。

「この者たちは字義通り、私の頭の上を散歩していたのであって、奇蹟によって私の頭部に惹き起こされた何らかの新たな破壊が見える場所へなら、いつでもどこでも好奇心をもってやってきた」

それればかりか彼らは食事にも関与していた。「私」が食べた食物の一部を、もちろんごく少量ではあるが食べてしまう。すると彼らは一時的に「幾分か膨張し、しかし同時に、動きがより緩慢になり」、無害なものになるように思われた。

奇妙な二人組

カフカの小説『城』ではアルトゥーアとイエレミアスという名前をもち、測量士Kに配属された助手というふれこみで登場した。二人は宿の入口で待っていて、Kの姿を見かけると軍隊式の敬礼をした。

「君たちとつき合うのはむずかしいね」

とKはいって、前の二人を見くらべた。

「どうやって君たちを区別したらいいんだろう？　君たちがちがっているのは名前だけで、そのほかはまるで似ている。まるで……」

といいかけたが、つまってしまい、おもわずつぎのようにつけたした。

「まるで二匹の蛇みたいだよ」

『審判』では冒頭に二組出てくる。一方はある朝、突然、ヨーゼフ・Kを逮捕にきた監督官づきの二人の監視人であって、もう一方は同じ建物の別の部屋にたむろしていた三人だ。この三人はそろいもそろって「およそ非個性的な、貧血症の若者」だそうで、たしかに主人公と同じ銀行につとめる下っぱの銀行員であるはずだのに、名前はおろか、どれが誰なのか少しも見分けがつかなかった。

同じ『審判』の終章は、こんなふうに書き出されている。

「彼の三十一歳の誕生日の前夜——夜の九時近く、通りが静かになる時刻だった——ふたりの紳士がKの住居を訪れた。フロックコートを着て、蒼白くふとって、びくともしそうにないシルクハットをかぶって……」

フロックを着て、シルクハットをかぶったこの二人組は、ちょうどゴーゴリの喜劇『検察官』に登場する下級役人ボブチンスキーとドブチンスキーのように、おたがいにそっくりで、ヨーゼフ・Kは一人に喉《のど》をつかまれ、もう一人にナイフで心臓をえぐられるのだが、それがどちらの仕わざなのかわからなかった。ついでながらゴーゴリがつけた二人組の紹介によると、どちらも「ちんちくりんの背っぴく」、身ぶり手ぶりをまじえながら、おそろしく早口で話し、極端なくらい、「お互いにそっくり」だった。

フランツ・カフカは一八八三年、つまりシュレーバーが最初の精神変調の兆しをみせた前年に生まれている。二十三歳のとき法学博士になり、半官半民の行政機関に職をえて、有能な行政官の道を歩んだ。かたわら小説を書いた。その一つでは、主人公が、ある日の明け方、まだベッドに横になっているとき、ひどく奇妙な、ある知覚を受けた。

「ある朝、グレゴール・ザムザが気がかりな夢から目ざめたとき、自分がベッドの上で一匹の巨大な毒虫に変わってしまっているのに気がついた」

シュレーバーの場合は女性への変身だったが、こちらは虫への変身である。甲殻のような硬い背中を下にして横たわっている。腹は弓形のすじにわかれてこんもりと盛り上がり、そこから何本もの細い脚がはえていた。その脚はモジャモジャと動くばかりで、寝返りを打つことさえままならない。

謎のオドラデク

カフカの小説には、ほかにもいろいろ奇妙な生きものたちが語られている。ある日の夕方、「私」が帰宅してみると、部屋のまん中に机ほどもある大きな卵がころがっていて、かすかに左右にゆれていた。股でおさえてナイフで裂いてみると、「こうのとりに似たやつ」がとび出してきた。赤むけのまる裸だが、ちょっぴり翼がはえていて、しきりにそいつをバタつかせている。

あるいはネズミ捕り器にかかって哀れな最期をとげた二十日ネズミをめぐる断片がある。ほかのネズミたちは穴の中でふるえていたが、やがてためらいがちに這い出てくる。首に針金をくいこませた仲間の死骸をとりまいて、よく光る目でじっと見つめている。

また森の中にいるという「邪鬼」のこと。それは二十日ネズミよりももっと小さく、目をすりよせても見えないほどに縮こまっている。あたりは死んだように静まり返っていて、おりおり森のざわめきがするばかり。

さらには貂《てん》ほどの大きさのヘンなけもののこと。「私たちのユダヤ教会には、およそ貂ほどの大きさの獣が一匹住んでいた」

色は明るい青緑色。首は長く、顔は三角に角ばっていて、ズラリと横ならびに上の歯が突き出ている。それに長い剛毛のたばがある。いかにも恐ろしげだが、いたって臆病《おくびょう》なので、もっぱら会堂の三方の壁の出っぱりを、せわしげに往ったり来たりしている。端にいきつくとピョンと跳んでクルリと向きなおる。ついぞヘマをしたことがない。空中で向きをかえ、着地と同時に走りだす。

短篇「父の気がかり」に出てくるのがオドラデク。ちょっと見ると「平べたい星形の糸巻き」のような格好をしている。星状のまん中から小さな棒が突き出ており、これと直角に棒がもう一本ついていて、この棒と星形のとんがりの一つを二本足にして立っている。動くとなると、やたらにちょこまかしていて、屋根裏にいたかと思うと、階段にいる。廊下にいたかと思うと玄関にいる。おりおり何ヵ月も姿を見せないくせに、不意に舞いもどってきて、ドアをあけると階段の手すりによりかかっていたりする。チビ助なので、つい子供にするように声をかけたくなる。

「なんて名前かね？」

「オドラデク」

「どこに住んでいるの？」

「わからない」

そういうと、オドラデクは笑う。「肺のない人のような声」で笑う。落葉がかさこそ鳴るような笑い声だという。

「たいてい、そんな笑いで会話は終わる。どうかすると、こんなやりとりすら始まらない。黙りこくったままのことがある。木のようにものをいわない。そういえば木でできているようにもみえる」

カフカとシュレーバー

元ドレスデン控訴院議長ドクトル・シュレーバーと王立プラハ労働者障害保険局法規課勤務のドクトル・カフカ。二人はむろん、何の関係もない。しいてあげれば、二人とも官僚機構に身を置いていたことぐらいである。そのさなかに一方は精神を病み、他方は肺を病んで、ともに療養生活に入った。

そんな二人だが、彼らが書きのこしたものは、「世界没落の観念と関連している幻影」（シュレーバー）という点で、不思議な一致をみせている。シュレーバーは「昇降機にすわったまま」のような浮遊のなかで地球の深部へと降りていった。

「一時的に乗り物から離れて、私は巨大な墓地のような所を歩いたが、そこで私は、特にライプチヒ市民が横たわっている場所、また私自身の妻の墓の側を通り過ぎたのである」

カフカに「夢」という小品がある。ヨーゼフ・Kがみた夢だという。天気がよかったので散歩しようと思って、ほんの二歩ばかり歩きだしたとたん、もう墓地にいた。うねうねとうねった道を渓流下りでもするように、ポッカリ浮かんですべっていく。

ふと気がつくと、すぐかたわらに墓がある。Kの姿を見たとたん、二人の男が墓石をズブリと土に突き立てた。つづいて繁みから三人目の男が現われて、墓石に金文字を書いていく。

「——ココニ眠ル」

盛り土の下に大きな穴があって、Kは仰向けのままその穴に沈みこんだ。首はまだ起こしていたが、穴にぐんぐん引きこまれていく。引きこまれながら、墓石に飾り書体で記された自分の名前をうっとりとながめていた——

シュレーバーは黒い熊や、燃えるような目をもつ猫といった生きものの出現を書いているが、カフカもまた、こんなけものを描いている。数ヤードもある大きな尾をもっていて、からだはカンガルーだが、顔は人間とそっくりの「のっぺりとしていて、小さくて卵形」。歯はかくれていて見えないが、何らかの表情はもっぱら歯で示す。

つかまえようとすると尾をひっこめる。こちらがその気になるまではおとなしく待っていて、それからまた、これみよがしにサッととびのく。

「こんなことをする以外に、ほかに目的はなさそうだ」

それに、あのチビ男たち。たえず何やらしゃべっていて、こちらの眼瞼を引っぱり上げたり、引き下ろしたりする。頭の上を散歩して、何かことがあると、好奇心をわきたたせにやってくる。

生きものばかりではない。語られている風景もまたそっくりである。シュレーバーは述べている。

「私が憶えている限りでは、全く人影がなく、荒涼としていた」。空には薄明があるのだが、下の方はますます暗く、そしてさらに黒々としている。目ざめると寝室の窓の前に深い森があって、暗い影をつくっている。

刻一刻と崩れてゆく内面

カフカの場合もまたそうだった。そこにはいつも薄暗い部屋があり、「ぼんやりしていてよく見えない廊下」が走っている。天地は曇りもせず晴れもせず、鳥はとばず花は咲かず、朝昼なしに昏《く》れかけている。シュレーバーにあっては「チビのフレヒジヒ」がしばしばくり返し、「あたかも驚いたように、ことばの中に不意に現われて」きたというが、カフカのほうでは、中年のひとり者ブルームフェルトが勤めから帰ってくると、部屋の中で「青い模様入りの小さな白いセルロイドのボール」が二つ、かわるがわる上がったり下がったりしていた。一つが上がると、もう一つが下がる。一方が下がると、もう一方が上がる。つかまえようとすると、うしろへうしろへと下がっていく。足をとめてながめていると、もう安全とでもいうふうに、一つところで上下動をくり返している。

官僚機構に勤務の二人という共通項にもどるとしよう。ことさらいうまでもないことながら、この種の機構は一点を起点にして、定規ではかったように正確に秩序立っている。いなくてはならない。大臣あるいは官房長がこの「造型」のはじまりというものだ。以下、整然と職種と地位が人間を規定し、相互のへだたりが神聖にしておかすべからざる鉄則として遵《じゅん》法《ぽう》される。そのなかの誰であれ、もはや名前をもった人間ではないだろう、地位であり、機能であり、権力の代用品であって、この点、「青い模様入りの小さな白いセルロイドのボール」と何らかわらない。たえず一つところで上下動をくり返している。

シュレーバーはパラノイアの発生をはっきりと、「職場における精神的な過労の結果」と述べている。そして巨大な官僚機構の末端にいた小官吏フランツ・カフカは、巨大な官僚体制のヒエラルヒーのなかにひしめいている「チビ男たち」を、毎日のように見ていただろう。目の前にいる「原像」をながめていて、あの奇妙な生きものやチビ男たちを思いついたのかもしれない。瓜《うり》二つの二人組に、ボブチンスキーとドブチンスキーといったぶしつけな名前をつけなかったのは、心やさしいこの人の礼節というものではなかったか。

『シュレーバー回想録』は、刻一刻と崩れていく内面を書きとめた、もっとも壮烈な記録として知られている。ところで、これをつづった人の外的生活は、極端なまでに単調だった。一日に二度、病院の庭を散歩する。庭でも彼はいつも好んで同じ場所にすわりつづけた。黒い外套《がいとう》と黒いシルクハット。彼は部屋にもどっても机の前にじっとすわったままで、窓から外をながめたりもしなかった。

「顔はまだつやつやしているが、頰《ほお》はすでに少しばかり垂れている。黒い髭《ひげ》がながながと引かれている。斜めにかけた、きらきら反射する両眼鏡が両眼を被《おお》っていた」

何かを書いているらしい。いや、そうでもないのか？

「あの人、眠っているのよ」

のぞき穴からのぞかせてくれた女がいった。いつもあんなふうにしてすわっている。

「そうでなければ、のぞかせたりするもんですか。あれがあの人の眠っている姿勢なの……」

ちょっとお断りしておくと、これはシュレーバーのことではない。カフカの『城』に出てくるシーンである。城からの役人をめぐるくだり。

4 幻獣紳士録Ⅰ

幻獣界の名士を収める

ラクダ、漢字で書くと駱駝。背中にコブをもった、あの奇妙な生きもの。動物学的には「偶蹄目《ぐうていもく》ラクダ科」というらしい。中央アジア産はふたコブで、北アフリカや西南アジアではコブが一つ。性温順で、我慢強く、運搬や乗り物に重宝がられてきたことは、おなじみの童謡からもわかる。

「月の沙漠を　はるばると／旅の駱駝が　ゆきました」

いつごろ、わが国にお目見えしたのだろう？　元禄時代というから今からおよそ三百年前、紅毛人につれられてやってきた。享保年間にもやってきた記録があるらしい。古河三樹著『見世物の歴史』によると、文政四（一八二一）年、長崎に渡来、このたびは見世物として引きまわされ、一般の人の目にふれた。

「ここもとにごらんに入れまするは、オランダより持ち帰りましたるハルシア（ペルシア）国産のカメエル、和名をラクダと申す霊獣でございます」

唐人姿の男が三味線や鉦《かね》、太鼓、チャルメラなどのお囃子をまじえながら口上を述べた。

「……そのかたち、馬にして馬にあらず、頭は羊に似て項《うなじ》長く耳垂れ、脚に三節あって三つに折れまする」

ある人が入場料百文にひっかけて狂歌をよんだ。

立つよりは寝ているほうがらくだろう
百のおあしを三つ折りにして

江戸おもてから東国、さらに越前、加賀をまわり、文政九（一八二六）年、尾張にきた。当地に小寺玉晁《ぎょくちょう》という人がいて、『見世物雑志』のなかに書きとめている。ラクダは牛でもなく馬でもなく、別の生きものということで「タクダ」ともよばれたらしい。荷物を「何駄」と数えるのは、タクダよりきたという。昔はよほどヒマだったのだろう、この筆まめな人は、ラクダの出てくる古書をずらりとあげている。『海上珍奇集』『山海経《せんがいきよう》』『西域伝』『和《わ》漢三才図会《かんさんさいずえ》』『法華経』『回疆風土記《かいきよう》』……。そこではラクダはつねに霊獣であり、半ば架空の生きものだった。実物を目にしてもなお、わが目が信じられなかったようである。幻の生きものを見るような思いがしたのだろう、まるで子供のようにまじまじと眺めていた。小寺玉晁はおぼつかない手つきでスケッチをとっている。臼《うす》のような足の上に雄大な胴があり、巨大な首がのびている。アゴのところから垂れているのは仙人にみるような長いヒゲ。

ボルヘスの『幻獣辞典』は、一九五七年、メキシコで出版された。八十二篇から成り、正式のタイトルは『幻想動物学案内』だった。その初版の「序」のはじめにボルヘスは述べている。「幼い子供がはじめて動物園に連れられていく。この子供はわれわれの誰でもかまわない。というか、ほかの言い方をするなら、われわれはいまなおこの子供であって、それを忘れてしまっている」

歌川国安《駱駝之図》(山東京山撰、文政七(1824)年)

こうした背景で——「こうした恐ろしい背景で」とボルヘスはつけ加えているが——その子供は、いままで一度も見たことのない不思議な生きものを目にするだろう。ジャガー、禿《はげ》鷹《たか》、野牛、キリン……。そのとき、大人たちは考えがちだ、動物の王国の驚くべき多様性を前にして、子供は驚嘆する、怯《おび》える、もしかすると神経症患者になりかねない——。しかし、実のところ、そんな恐れはないだろう、とボルヘスは述べている。

「すべての子供はいってみれば探険家であり、駱駝を発見することはそれ自体、鏡や水や階段を発見するのと同様、不思議ではないといえよう」

たとえば虎であるが、幼いころのおもちゃや絵本ですでに知っており、だからこそ生身の虎をみて、それが虎だとわかる。プラトン流にいうと、「原初的世界」において虎をみており、あらためて実物をみても恐れない。さらにショーペンハウアー流にいうと、こんなふうになる——子供が虎をみて恐れないのは自分がその虎たちであり、虎たちが自分であることを知っているからだ。あるいは、より正確には、子供も虎も、あの単一の本質《意志》の形態にほかならない……。

初版が出てから十年後の一九六七年、『幻獣辞典』の第二版がブエノスアイレスで出版された。あらたに三十四篇を追加したもので、そのときのタイトルは『想像の存在の書』だった。このタイトルからすれば幻の生きものにかぎらず、ハムレットも、点や線や平面、あるいはn次元の多平面と多容積、そして個々の人間や神を入れてもいいのであって、要するに一切の事柄の総計、宇宙がそっくり収まるはずだが、しかし、ここでは「想像の存在」ということばが即座に喚起するものにのみ限ったという。時と空間を通して、人間の想像力が生み出した奇妙な創造物の小冊子。

「われわれは宇宙の意味について無知なように、竜の意味についても無知である。しかし竜の姿にはいくらか人間の想像にむいているところがあり、そのことがさまざまな場所と時代の竜の出現を説明する」

つづいて、つぎのように断っている。

「この種の本が不完全であるのは避けがたい」

より新しいものが、さらに将来の版の基盤となり、将来の版はそれ自体が無限に成長する。世の『紳士録』と同じように、これは一応、各界の名士は収めていても、すべてを網羅するなどはありえないのである。

アスカラポス——不幸を告知するみみずく

古代ギリシア人の考えた不吉な鳥。「みみずく」ともいう。もともと冥界の妖精と冥府の河神アケロンとのあいだにできた少年だった。ある日、暗い森の中で遊んでいたとき、豊穣女神ケレスの娘プロセルピナがつまみ食いをしているのを見て告げ口をした。冥界の女王は怒って、少年を鳥に変えた。大きなくちばしと、大きな目玉をもち、黄褐色の翼につつまれ、頭が肥えふとっていて、長い爪が曲がっている。翼を動かすこともほとんどなく、じっと枝にとまり、来たるべき不幸を先触れする。

アンティオクス——人間麒麟

正確にはアンティオクス・エピファネスといって、顔は人間、胴は麒麟《きりん》、学名をホモ・カメレパド（人間麒麟）といい、エドガー・アラン・ポオの小説『四獣一体』のなかに出てくる。ユダヤ暦三八三〇年、シリア地方を旅してアンティオキアの都に着いた。アレキサンダー大王以後に最初の国王となったセレウクス・ニカノールが父アンティオクスを記念するためにひらいた町である。堅固な要塞に守られ、無数の壮麗な宮殿をもち、町外れをオロンテス河が流れている。宮殿の中でもとりわけ豪華で、一段と高くそびえる塔をそなえたのは王の宮殿であって、頂上がピラミッド型をしていた。火をあらわし、そこには太陽神が祀《まつ》られていた。

町に入ってしばらくすると、通りに騒がしい声がおきた。喚声はますます高まり、笑い声がまじっている。やがて高らかにラッパの音が響きわたった。とたんに群衆の顔が蒼ざめ、笑いが消えた。王が来る。こちらにやってくる。あれだ！

巨大な麒麟で、人間の顔をもち、目が顔からとび出しそうに突き出ている。この獣がすすむとき、二人の女がその尾を高々と捧げてあるく。鈍重なようだが、足の速さは天下一品。

「走れ、王よ——万歳、エピファネス——でかしたぞ、麒麟殿——光栄あるアンティオクス——奴は走る——奴は跳ねる——奴は飛ぶ！」

まるで石弓から発射された矢のように、目にもとまらぬ速さで走るそうだ。「人間麒麟」があらわれると、民衆は歓呼の声でこの王を迎える。

エピファネスの他に王があろうか？
さあ言え——汝知るや？
エピファネスの他に王があろうか？
万歳！——万歳！
エピファネスの他に王はなし。

海の司祭——海底の住人

一六六六年にドイツのマクデブルクで出版されたヨハネス・プレートリウスの『あらゆるふしぎな人間の新しい宇宙誌』は、つぎのような「海の司祭」に触れている。オランダのエルバッハに近い北海で、一人の「海底の住人」がとらえられた。その男はローマ教会の司教のような姿をしており、食事を供されても一口も食べようとしなかった。何もしゃべらず、深いため息をつくばかりで、三日目に死んでしまった。

プレートリウスはべつの話もつたえている。

一四三三年、ポーランド付近のバルト海でひとりの海底の住人がみつかったが、その男は司教にたいへん似ていて、頭には司教帽をかぶり、手には司教杖をもち、ミサ装束をしていた。そしてその地方の司教たちに特別に接見し、彼らに敬意を表明したが、口はきかなかった。王はその男をある塔のなかに保護させようとしたが、男は同意しないことを身ぶりで表明した。そして司教たちにふたたび自分本来の棲み処にもどしてくれるようにたのんだ。そのとおりになった。彼はふたりの司教につれられていき、嬉しさをかくさなかった。そして水のなかに入るとすぐに十字をきり、それからもぐっていった。その後は二度と彼の姿をみたものはいないという。

エコー——悲しい恋の妖精

響きわたる声をもった妖精で、ひとがしゃべっているときは黙っていることができず、かといって自分から話し始めることもできない。一名が「こだま」。

オウィディウスの『変身物語』によると、エコーはかつては、いまのようにただ声だけの存在というのではなく、ちゃんとからだもそなえていた。おしゃべりではあったものの、ことばの使い方はいまと同じだった。つまり、たくさんのことばのなかから、最後のことばを返すことができるだけ。どうしてそうなったのかというと、ユノー女神のせいだった。山で妖精たちがユノーの夫ユピテルといっしょに寝ているところを、もう少しでとり押さえることができるというのに、エコーが長いおしゃべりで女神をひきとめ、その結果、つい現場を逃してしまう。女神がついにエコーにいった。

「おまえはその舌でわたしをだましたね。使える範囲を限るとしよう。今後、おしゃべりは、ほんのちょっとのあいだだけだよ」

　話の終わりをくり返すことはできる。相手のことばを、そのまま返すこと。

　河神の子ナルキッソスは十六歳、とりわけ美しい若者だった。野をさまよっているナルキッソスを見て、エコーは一目で恋をした。あとを追いつつ恋の炎を燃えたたせたが、自分から声をかけることができない。あるとき、仲間からはずれたナルキッソスが叫んだ。

「誰かいないのかい、この近くに？」

　エコーは答えた。

「この近くに――」

　ナルキッソスは驚いて辺りを見まわした。

「こちらへおいで」

「おいで――」

とエコー。

「ここだよ」

願ってもないことばだった。エコーは森から走り出て、いとしい恋人に抱きつこうとした。とたんにナルキッソスが逃げ出した。

「ごめんだな、自由にされるのは、いっそ死んでから！」

「死んでから――」

はねつけられたエコーは森にひそみ、はずかしさのあまり木の葉で顔をかくした。それからはもっぱら洞窟でひとり暮らし。それでも恋心は消えず、悲しみはつのるばかりで夜も眠れない。痩《や》せほそり、皮膚にしわがよって、からだの水分が枯れてしまった。とどのつまり、声と骨だけがのこった。そして骨は石になった。以来、声だけが耳にとどく。

「ここだよ――」

カトブレパス――巨頭カモシカ

アフリカ産の大カモシカの形をした怪物で、体のわりに頭が途方もなく大きい。その眼に射すくめられると死んでしまう。フロベールの『聖アントワーヌの誘惑』第七章に登場するところでは、黒い水牛の姿をしていて、頭は豚、からっぽの腸のように細ながく、グニャグニャした首で肩とつながっている。ぴったり腹這《はらば》いになってころがっていた。足と、かたい毛の大きなたてがみによって顔が見えない。

ふとっていて、憂鬱で、世間嫌いだそうだ。腹の下に、泥の暖かみを感じていたいのだという。頭がとてつもなく重くて、自分では支えられず、それをゆっくり、ゆっくり自分のまわりにころがして向きを変える。顎を少しひらいて、まわりの草を舌でむしりとるのだが、ついまちがって自分の足を喰ってしまったことがある。

「アントワーヌよ。おれの眼をみたやつはひとりもないぞ。また、みたやつらは死んでしまった」

瞼《まぶた》はバラ色にふくれている。その瞼をあげてひとにらみする。

ゴジラ——水爆実験が生んだ巨獣

生みの親は推理作家香山滋《かやましげる》。シナリオが本になったとき、香山滋は「ゴジラ刊行に就て」と題した小文を書いている。ある初夏の某日、東宝のプロデューサーが映画の原作をたのみにきた。何か「水爆を象徴するような大怪物」をお願いしたい。その怪物をおもう存分あばれさせてみたいのだがどうだろう——

「よろこんでお引き受け致しましょう」

「万事よろしく」

引き受けてはみたものの、いざ取りかかってみると、とんでもない難事業であることに気がついた。ひとつまちがうと、それこそ噴飯《ふんぱん》もの、紙芝居になりかねない。そこでぐっと気持をひきしめて「一世一代の大嘘物語」にとりくんだ。ともかくも書きあげたのが『G作品』第一稿。ゴジラの頭文字をとってそうよんだ。昭和二十九（一九五四）年、アメリカの水爆実験により絶海の孤島にねむっていた怪獣が目をさまし、帝都に襲来する――

もともと香山滋は古生物にくわしかった。処女作『オラン・ペンデクの復讐』（『宝石』昭和二十二年）にすでにデノポーラ・グランデという食肉性巨人蟻が登場する。オラン・ペンデクとは学界未知の第四人類で、スマトラで目撃された猿人がモデルだという。ほかに香山滋が生み出したものに体長五メートルに及ぶ大蜥蜴《おおとかげ》デモノサウル、淡水性章魚《たこ》セファロポーダ・マルス、体重一万キログラムのベンベエザメ、体長三十メートル、放射能の影響で巨大化したガブラ、翼のある人間ホモ・プテロプスなどがいる。ゴジラの仲間たちは、まわりにどっさりいたわけだ。

コーボルト――こびと伝説

山に棲むこびとで、小さな坑夫のような服をきて、高価な宝石を掘っている。ハインリッヒ・ハイネの『精霊物語』によると、こびとはまたヴィヒテルマンとかグノーム、メタラリ、ツヴェルクなどとよばれていた。こびとの伝説は巨人の伝説に相応するもので、古いドイツに二種類の種族が存在していたことを暗示している。そして巨人は永遠にドイツから消え失せたが、こびとはいまでも、ときたま山の峡谷などで出くわすことがあるという。

コーボルトはどこでも駆けずりまわることができるし、彼らにとって、もぐって通れないような穴は存在しない。そしてしまいにはきっと宝物のつまった横穴に到達する。岩のあいだに口をあけている穴は、たいてい「コーボルトの穴」とよばれており、ハイネはハルツ地方の谷あいで、いくつもそういうものを見たという。洞穴のなかのいろいろな形をした鍾乳《しょうにゅう》石《せき》や、尖形《せんけい》をした岩を「こびとの結婚式」などとよんだりもする。結婚式を終えて教会から帰る途中、あるいは結婚式の祝宴中に、悪い魔法使いによって石に変身させられたこびとたちにちなんでいる。

コーボルトは自分の姿を見えなくする小さな帽子をかぶっている。この帽子はタルンカッペ、またはネーベルカッペとよばれる。昔、ある百姓が脱穀のとき、から竿《さお》でこびとの帽子を打ち落とした。姿をさらけ出されたコーボルトは、あわてて地面の割れ目にもぐりこんだ。

こびとはすすんで人間の前に姿をあらわすことがあり、人間とよろこんでつき合っていた。人間が彼らに害を与えさえしなければ十分満足していた。彼らがこの国を見すててしまったのは、意地悪な人間のせいである。ヤーコプ・グリムの『ドイツ伝説集』のなかに、こんな話がある。

夏になるとこびとの大群がたびたび絶壁から谷間におりてきた。そして労働している人間たち、つまり、収穫期の刈り入れ人夫たちを手つだったり、見物したりしながら仲間になった。そういうときこびとたちはまったく満足して、葉のしげったかえでの、太い長い枝にすわったものだった。ところがあるとき悪い男がいて、夜のあいだに枝にのこぎりをいれ、かろうじて幹についているくらいまで切っておいた。それで朝になって無邪気なこびとたちがその枝にすわると、枝は折れて地面に墜落し、笑いものにされた。こびとたちはひどく怒り、こう言って悲しんだ。

「ああ、空のなんと高いことよ、
そして不実のなんと大きなことよ、
きょうはここへ来たけれど、
もうけっして来やしない」

こびとたちはそれ以来この国をみすててしまったということである。

サデュザーク——無数の角をもつ獣

インドの伝説にある怪獣で、牡牛の首をもち、黒い大鹿の体をしている。両耳のあいだに槍ぶすまのように無数の——一説には七十四本の——白い角が生えている。その角は笛のようにがらんどうで、サデュザークが南を向くと妙なる音が流れ出て、森の獣たちがあつまってくる。北を向くと吠えたてるような音をたて、森はおののき、河は逆流し、果実ははじけ、草木はいっせいに逆立ってなびきだす。

サラマンドラ――火の中の竜

小さな竜で、黒いなめらかな皮に黄色の斑点がある。火の中にいても燃えない。プリニウスの『博物誌』には、きわめて冷たいので、火に触れると氷のように溶ける、といった意味のことが記されている。ボルヘスは十二世紀半ばにヨーロッパ中に出まわったプレスター・ジョン王の偽書簡を引いている。それは不思議なカタログといったもので、金を掘る巨大な蟻や、石の川、魚の棲む砂の海、一個のエメラルドでつくられた笏《しゃく》、人の姿を見えなくしたり夜を照らしたりする小石などのことを述べているが、そこにはまたこうある。

「わが王国はサラマンドラという名で知られる虫を産出する。サラマンドラは火中に棲み、繭《まゆ》を出す。これを女官たちが紡《つむ》いで、布や衣服を織る。この繊維を洗ってきれいにするには、火のなかに投げ込む」

またボルヘスによると、イタリアの人文主義者ベンヴェヌート・チェリーニが『自叙伝』のどこかで、五歳のとき、トカゲに似た小さな動物が火のなかで戯《たわむ》れているのを見た、と書いているそうだ。父親はその動物をサラマンドラだと教え、人間にはめったに見られないこの驚くべき姿が、いつまでも子供の記憶にやきつくように、息子をピシリと打った。ハイネも似たような思い出を書いているが、ことの経過がずいぶんちがう。

「少年はすべて熱心な自然探究者であるが、わたしも子どものころ、はたしてサラマンダーがほんとうに火のなかで生きることができるのかどうか調べてみることに、重大な関心をよせたことがある」

学校の友だちが、あるとき、うまくそんなような動物を捕えたとき、すぐさまその動物をストーブのなかにほうりこんだ。するとそれはまず白いあぶくを炎のなかにとばし、それからしゅっという音をたてながらだんだん小さくなり、しまいに息たえてしまった。その動物はとかげのような外観だが、サフラン色でいくぶん黒のまだらがあった。

ハイネ少年は観察から結論を引き出した。

「火のなかにとばされて、おそらく炎を消すこともたびたびあるだろう白い液体が、サラマンダーは火のなかでも生きることができるのだという信仰がうまれるきっかけになったのかもしれない」

黒眚《しい》――俊足の狸犬

『震澤長語《しんたくちようご》』によると、大明《みん》の成化十二（一四七六）年、京師に動物がいた。狸《たぬき》のようでもあり犬のようでもある。風のごとく行動は速く、人の面を傷つけ、手足をかむ。「一夜に数十発」も人を傷つけた。黒気を背負ってやってくるので俗に黒眚《こくせい》という、とある。

ひきつづき『和漢三才図会』の作者が書いている。

元禄十四（一七〇一）年、和州《やまと》吉野郡の山中に獣がいた。状《かたち》は狼に似ているが大きく、高さ四尺、長さ五尺ばかり。白黒、赤黒、彪斑《ひようはん》の数品がある。尾は牛蒡《ごぼう》根のようで、鋭《とが》った頭、尖《とが》った喙《くちばし》をもち、牙は上下に各二つずつで鼠の牙のようである。歯は牛の歯のようで、眼は竪《たて》になっていて脚は太く、蹼《みずかき》があった。走るのは飛ぶように速く、触れるところのものは人面であれ、手足であれ、喉であれ傷つける。これと遇《あ》った人が俯《うつむ》き倒れると嚙《かじ》らずに去ってしまう。銃や弓で射ることが出来ず、阱《おとしあな》を用いて数十を捕えて一段落となった。俗に志《し》於《お》宇《う》と呼ぶが、黒眚の属であろう。

スキヤポデス(Conradus Lycosthenes, *Prodigiorum ac ostentorum chronicon*, Basel, 1557)

スキヤポデス——単脚族

プリニウスの『博物誌』によれば、インドにいる種族で、一本しか脚がないために単脚族ともよばれている。脚は一本だが、驚くべき速さで走る。暑いときは地面に仰向けに寝て、その足のつくる影のなかで涼んでいる。穴居《けっきょ》民族とさほどちがわない。この種族の棲んでいるところからさらに西へ行くと、首のない人間や肩に目のある人間がいるともいう。

スフィンクス——人面獅子胴

古代ギリシアのいいつたえによると、顔は人間、胴はライオンの怪物。非常に古くエジプトからギリシアに入り、イメージが女性化されたらしい。そのため美しい顔と乳房、ライオンの胴、足、尾、それに翼をもつにいたった。

はじめは子供をさらい、戦闘に際して死を見守る怪物だったが、逆にそれが魔除けとして楯や墓に刻まれるようになった。とりわけテーバイの伝説で知られており、町の西方に陣どっていて、やってくる者に謎をかけ謎が解けないと、取って食べた。オイディプスが謎を解いたとき、身を投げて死んだとも、オイディプスに退治されたともいわれている。

このスフィンクスはごくおなじみだが、エドガー・アラン・ポオが『スフィンクス』のなかに報告しているものは、すこぶる異様である。

ある夏、おりしもニューヨークでコレラが猖獗《しょうけつ》をきわめていたころ、「ぼく」はハドソン河の岸辺の友人の別荘に難を逃れた。夕方、窓辺で本を読んでいて、ふと目をあげたとき、恐ろしい形をした怪物を見た。胴の太さは象ほどもあって、長さは六、七十フィートの巨大さ。鼻の根本に「水牛二十頭分の毛」をあつめたよりも多い量の黒い毛が密生していて、その下から二本の牙が見えた。猪《いのしし》の牙を途方もなく巨大にしたようなぐあいで、鼻の両側に長さ三、四十フィートの棒状をなして突き出ている。

胴は杭のような形をしていて、左右に長さ百ヤードほどの二対の翼をもっていた。一対は他の一対の上にあって、金属の鱗《うろこ》でおおわれている。とりわけ奇妙なのは、ほぼ胸全体を覆っている髑髏《されこうべ》の絵だった。それは体の黒地の上に、まるで画家が入念に描きあげたかのように正確に眩《まば》ゆい白で描かれていた。やがて鼻の尖端にある巨大な顎が突然ひろがり、哀傷にみちた響きがおきた。

「それは山の頂きから麓《ふもと》へとあわただしく降り、ついには下方の鬱蒼《うっそう》たる森林へと姿を消した」

「ぼく」の報告を聞き終えると、別荘の持主である友人は書棚に歩みよって、一冊の博物学の書物をもってきた。くだんの怪物は昆虫綱《インセクタ》に属し、鱗翅目《りんしもく》、スフィンクス種。

「四枚の膜質の翼は、金属状の外観を呈するいささか着色せる鱗によって覆われている。口は、同時に、巻きあげられている鼻であり、顎を伸ばせば口が開く。その左右には大顎と毛状触髪の痕跡がある。優勢翼と劣勢翼は一本の堅い毛によって接続されている。触角は細長い棍棒の形をなし、プリズム状である。腹部に突起がある。髑髏スフィンクスは、その憂鬱な叫び声および胴鎧にある死の紋章によって、これまでときどき、俗間に恐怖をまきおこした」

友人は本を閉じ、椅子に腰かけたまま体を前にかがめ、さきほど「ぼく」が怪物を見たときとまったく同じ位置に身を置いた。

「ああ、ここだ」

と彼は叫んだ。いかにも山肌を降りてゆく。とても目立つ姿をしている。しかし、君が見たように大きくもないし、遠くへだたっているわけでもないと、友人はいった。

「なぜって、窓枠に蜘蛛が張った糸の上を、のたくって登ってゆくのだもの」

スマラ──悪夢をひきおこす夜の霊

顔は人で、からだは鳥、ともに醜悪で、翼には奇妙な縁飾りがあり、鷹のような鋭い爪をもっている。その爪を眠っている人間の肌につきたて、悪夢をひきおこす夜の霊。

シャルル・ノディエの小説『スマラ』では魔法使い女の胸にしがみついている。「人の子たちの絶望のために、天の憎しみがその宝もののなかから選んだやつ」だという。いけにえを自由にしていい。どんなに苦しめてもいい。心臓をドキドキさせ、死ぬほどの不安を与え、夜の恐怖を味わわせる。

魔女の声をきくなり、スマラは円盤のようにその胸からとび出して、一度宙返りをすると、眠っている者の上にとびのった。縁飾りのついた翼を拡げ、のぼったり下りたり、大きくなったり小さくなったりする。

「そのぶざまな小人は、はがねより鋭い金属の爪で、肌に傷をつけずに食いいって、油断のならない蛭《ひる》が吸いつくようなやり方でさもうれしげに血を飲む」

心臓の上にはりついたあと、ぐんぐん大きくなって、巨大な頭をもたげて笑っている。この忌まわしい夜以来、もはや静かな夜の訪れが二度となくなった。

5　幻獣紳士録Ⅱ

現実と空想、どちらが創造的か

現実の動物と空想の幻獣と、どちらがよりゆたかで、より創造的であるだろう。つまりは、より空想的であるだろう？

古今東西の幻獣蒐集《しゅうしゅう》の仕事にひと区切りつけたあと、ボルヘスは気がついた。

「夢の動物学は創造主の動物学よりずっと貧しい」

数においては空想の動物園は現実の動物園をはるかに上まわる。というのは、これはおおかたが現実の生き物の部分を結びつけたものであって、その可能性は無限にちかいからだ。すでに述べたように、ケンタウロスは馬と人間、ミノタウロスは牡牛と人間をくっつけた。では、魚や鳥や爬虫類と、つぎつぎに結合させて際限なくつくることができるのだろうか。そうはならないだろう、とボルヘスは述べている。ありがたいことに、われわれの怪物は「死産児」である。フロベールは『聖アントワーヌの誘惑』のなかで、中世や古典の怪物を寄せあつめ、あらたにいくつかこしらえたが、その総計はほとんど印象がうすく、われわれの想像をほんとうにかきたてるものは少ない。

その種のはかない幻獣、「偶発的な怪物」はワキ役にとどめることにして、これに対し、いわば必然的な幻の生きものが問題だ。たしかにボルヘスがいったように、竜にはどこか人間の想像に訴えるところがある。だからこそ地上のおよそへだたったところに同じような竜がいて、伝説として語られ、絵や飾りに描かれたり刻まれたりしてきたのだろう。そのような全人的な想像の根っこにあるものは何なのか。人間はなぜ、くり返し、異様なもの、奇妙なもの、ときにはグロテスクなものを生み出したがるのか。

ブラウン神父が活躍する推理小説でおなじみのチェスタトンが、あるエッセイのなかでグロテスクなものについて述べている。いかなる人工的なものであれ、それは究極的には自然と無縁ではないというのだ。その誕生にあたり、自然から大いに示唆されたはずである。それが証拠に自然界には、星や百合のような「通常われわれが壮麗とよぶようなものだけでなく、豚とか牝牛のようにカローの写生帳を全部めくっても出てこないような滑稽なもの」をどっさり含んでいるではないか。

頭でっかちで、不釣合いで、ばかばかしく、いかに空想的であれ、その根っこのところに働いている「戯画の本能」は自然から生じている。グロテスクなものは現実の反映であると同時に、その異常さを通して正常なものに対するわれわれの関心をよみがえらせる。新たな目で自然界を見ることを教えてくれる。「この素晴らしい宇宙を眺めるとき、われわれは常に驚異の念を覚えるようでなければいけないが、グロテスクなものは、その驚異の念を引き起こすのである」

さながらブラウン神父の口ぶりと似ている。毎朝、朝食の前にベッドの中で新聞をひろげ、殺人事件をひろってては読みふけっている市民を例にとって、ブラウン神父はいった。

「こうした記事というものは、平和な、そしてそのかわりにおそろしく退屈な郊外の日常生活に、ときならぬスリルを与えてくれるものなんですよ」

セイレーン――美しい声の妖鳥

上半身は娘だが、下半身は鳥。歌がうまい。古代ギリシアの伝説によると、地中海の小島に棲んでいて、美しい歌声で船乗りを惑わし難破させた。ホメロスの『オデュッセイア』では、英雄オデュッセウスは船で帰還の途中、一計を案じ、部下の耳にロウをつめ、みずからは鎖で帆柱にしばりつけさせた。セイレーンの歌声がひびきわたったが、島には近づかず、無事その前を通過した。

これについてはカフカが「セイレーンの沈黙」と題した小品をのこしている。両耳にロウをつめたり、帆柱にかたく自分を縛りつけさせたとしても、そんなことが役に立つだろうか？　あやかしの歌声は何であれつらぬいて耳にとどくものだし、それに妖しい歌声にまどわされたときの悶《もだ》えときたら、鎖をひきちぎり、マストをへし折るほどのものなのだ。

カフカによると、セイレーンは歌よりもはるかに強力な武器をもっていた。つまり、沈黙である。オデュッセウスの船が漕ぎすすんできたとき、セイレーンは歌っていなかった。この敵に対しては、沈黙こそもっとも有効だと考えたからだ。「このときほどセイレーンたちが美しかったことはなかった」と、カフカは書いている。セイレーンたちはのび上がり、振り返り、吹きわたる風に髪をなびかせ、岩に爪をつき立てていた。じっと口を閉ざして、オデュッセウスの目を見つめている。

「しかしオデュッセウスは、奇妙な言い草ながら、沈黙を聞きはしなかったのだ。人魚は歌っており、にもかかわらず自分ひとりあやかしの歌から安全だと思いこんでいた。人魚たちの喉がふるえ、胸がふくらみ、目から涙があふれ、口が半ばひらいたのを目にとめた。つぎの瞬間、すべてが彼の視野から消えていた」

もしかするとカフカは高等学校のとき、古典ギリシア語に苦労したのではあるまいか。ギリシア神話を素材にした教科書がにくらしくてならなかった。生まじめな古典語教師にいたずらをしかけるかのようにして、彼はさらにもう一つの異説をつけ加えている。智将オデュッセウスは、煮ても焼いても食えないズル狐であって、人間の知恵など及びもつかないことながら、とっくに人魚の沈黙に気がついていた。にもかかわらず、彼はいわば護身用の楯として人魚や神々に対し、右に述べた一連の芝居をやってのけたというのである。

猛《つつが》——虎、豹を食べる獣

『唐韻』に、「猛の状《かたち》は獅子に似ていて、虎、豹および人を食べる」とある。『神異経』によれば、「北方大荒の中に獣がいる」。人がこれに噛まれると病気になる。この獣を猛という。猛は恙《つつが》である。嘗《かつ》て人の室屋に入ってきたことがあるが、黄帝がこれを殺した。これ以来、憂疾《うれいごと》のないことを恙《つつが》なしというようになった。

トッカッピ——放火する独脚鬼

朝鮮のお化けで、漢字をあてれば「独脚鬼」、百物語に出てくる一本脚の傘のお化けとそっくり。

放火の常習犯だそうで、原因不明の火災は、たいていトッカッピのいたずらによる。そのかわりこれを祀《まつ》ってやって仲よしになると、よそのお金をさらっては運んでくる。もし仲たがいすると、財産一切をのこらず持ち去ってしまう。一説によると器具類の古くなったのがトッカッピになるというから、器怪の一種だろうか。

ニクセ——水の精

ドイツの水の精で、女のニクセは、白い衣裳のへりがいつもぬれているのでそれとわかる。男のニクセは、魚のとがった骨のような形の緑色の歯をもっている。たいていは緑色の帽子をかぶっている。手が水のように冷たい。人間を踊りでさそって、ダンスしながら水中の国へつれていく。

ハイネがあげている例によると、ある娘は教会の帰りによびとめられた。そのときのニクセは騎士の姿であらわれた。母親のニクセが、澄んだ水で馬をつくり、白砂で鞍《くら》と手綱《たづな》をつくったという。立派な騎士の申し出に、娘はいそいそと手を差し出した。女性に何度も裏切られたことのあるハイネは、つづいて疑問を呈している。海の底にいっても、騎士に対して約束した誠実を、はたして娘は守りとおしただろうか。

というのは、べつの水中の住人の伝説を知っていたからだ。彼はやはり地上からひとりの女性を迎えたが、あとで彼女に手ひどく裏切られた。それはロスマーという水中の住人《ヴァッサーマン》の伝説で、箱に入った自分の妻を、それとは知らずに背なかにかついで妻の母のもとに送りかえしてしまった。あとになって彼はにがいにがい涙をながすのであった。

ニクセにもいろんなニクセがいて、頭から腰までしか人間の姿でなくて、腰から下は魚の尾の形をしているのもいれば、上半身は美しい女で、下半身は鱗のある蛇の姿をしたのもいる。それはちょうど伝説にいうライムント・フォン・ポワティエ伯の恋人メルジーネとそっくりだ。ついてはハイネいわく、「恋人の蛇身が半分ですんだとは、ライムントはしあわせな男だ」。

ニスナス——半人半魔

フロベールの『聖アントワーヌの誘惑』に出てくる怪獣の一つで、「片目、片頰、片手、片脚」、胴も半分、胸も半分。「半かけの家の中で、半分の女房や半分の子供たち」と、とても気楽に暮らしているという。フロベールの独創といわれるが、縦にまふたつに割られた悪魔と人間との末裔だともいう。「半分の人間」といった恰好で、片腕、片足ながら、実に敏《びん》捷《しょう》に跳びまわる。ある一族は顔が胸についていて、羊のような尾をもっている。別の種族はコウモリのような翼をもっている。

鵺《ぬえ》——『平家物語』の怪物

『平家物語』巻四に登場。夜な夜な内裏《だいり》の上空に黒雲とともにあらわれた。源頼政が射止めたところ、頭は猿、むくろは狸、尾は蛇、手足は虎。ただ鳴く声が「鵺にぞ似たりける」という。

馬頭人——半人半馬

『御伽草子』の一つ、「御曹子島渡」に出てくる。身の高さ十丈ばかり、腰から上は馬で、腰から下は人間。その腰のところに太鼓をぶらさげている。義経があまりの不思議さに問いをかけると、この島は「王せん島」といって、世にかくれもない馬頭人の島。馬頭人は背があまりに高いので、いちど転ぶと、なかなか起きあがれない。叫んでも声が出ないことがあり、そんなとき太鼓を打ち鳴らして助けをよぶ。

バルトアンデルス――千変万化

ドイツの『阿呆《あほう》物語』に出てくる。物語の終わりにちかい第六巻第九章、「ジムプリチウスはバルトアンデルスと問答をつづけ、秘術を伝授される」のくだり。

ある日、ジムプリチウスは森を歩いていて等身大の石像と出くわした。古代ドイツの英雄像の残骸らしく、ローマ風の軍服めいた古めかしい服を身につけ、胸に大きな前掛けをつけている。どうしてこれが森の中などにころがっているのだろう？　むかし、この森に異教の神殿かなにかがあって、そこに祀られていたものかもしれない。ジムプリチウスはあたりを見まわしたが、べつに台座らしいものもない。きこりが忘れていったらしい鉄梃子《かなてこ》があったので、それをあてがってもち上げようとしたところ、石像のほうから動きだして口をきいた。

「やめてくれ、わしはバルトアンデルスじゃよ」

バルトアンデルスはドイツ語の「バルト（すぐに）」、「アンデルス（他のもの）」をくっつけた名前で、「千変万化」と訳されている。何であれ姿を変えることができる。事実、バルトアンデルスは、まずは大きな槲《かしわ》の木になった。ついで牝豚になり、乾ソーセージになり、さらにつづいて百姓がひねりだしたうんこになった。それから美しいクローバーの原っぱに変わり、牛の糞になり、また花になり、桑の木になり、絹の織物になり、それから人間の姿をとった。最後には一羽の鳥になって、矢のように飛び去った。

『阿呆物語』はドイツで知られた阿呆小説の一つであって、一六六八年、世にあらわれた。作者はハンス・グリンメルスハウゼンといって、生年、生涯ともによくわからない。フライブルクに近い小さな村の村長をしていたらしい。死んだのは一六七六年のこと。

主人公ジムプリチウスは幼いころに家族とはなればなれになり、三十年戦争の戦禍に追われながら成長する。兵士となり、召使になり、道化師にも巡礼にもなった。フランスへ行ったり、ロシアをさまよったり、あげくのはては「地球の中心」までもへめぐったのち、この世に絶望して山に身を隠す。そこでひっそりと悔いあらためた生活をしようとするのだが、とたんにさまざまな煩悩《ぼんのう》がおこり、世間にいたころの乱行をなつかしく思い出して、一向に悟れない。とどのつまりが山を下りて遍歴をつづける。バルトアンデルスに出くわしたのも、そんな放浪のさなかのことである。

バルトアンデルス（『阿呆物語』1669年版の扉絵）

この「千変万化」の生きもののいうところによると、土から生まれたジムプリチウスが、また土に還るまで、「お前さんから決して離れはしない」。人間の性質と行動を、猫の目のように変化させる力をもっている。そのための秘術をたずねたところ、こころよく伝授してくれた。「われは初めにして終りにして、いかなる場所にても真なり」。つづいて、つぎのような呪文をとなえるといい——

ご参考までに全体をかかげておく。

そつねうの　じそいもぶ　つねならが　いろはにか　ならむくる　れそいき　しもいえ
を　もつせずつ　かれたよを　かよたれん　がなつくえ　そねつみれ　にらほよ　りる
ぬいて　きけぬみと　うたすきに　もせすろん　どりぬちう　をやくまつ　くちりり
そねつひれ　におるみよ　りんきみじ　じそくらつ　にしほめち　かやとつき　もすさ
の　をくねらそ　うくてらぞ　うまれてせ　よらけとし　かんもてら　ばたらやな　れ
にろの　おそでやろ　かぺそべな　るべるべこ　うめらそき　してぺれん　をくやらみ
たてぶす　こちんでと　をれさなう　べけろたし

バルトアンデルスはふつう、人間の一生の道づれである自然と人の世の変転を象徴するものとされている。ボルヘスによると、「連続的な怪物」である時間をあらわしたもの。ボルヘスはグリンメルスハウゼンの小説の初版本を見たらしい。扉が洒落《しゃれ》ていたそうだ。そこには獣の版画がついていて、その獣はサテュロスの頭、人間の胴、鳥の翼、魚の尾をしていて、山羊の足と禿鷹《はげたか》の爪で仮面の山を踏みつけている。いろいろな仮面は、この世の常ならぬことを意味しているらしい。怪獣はまた腰帯に剣をつるし、両手に本をもって開いていた。その本には王冠や船、盃《さかずき》、塔、子供、サイコロ、鈴つきの三角帽子、大砲などが、めったやたらに描きこまれていた。

そういえばバルトアンデルスは、こんなこともいった。無常こそ自分にとっては常住の宿であって、不易《ふえき》は不倶戴天《ふぐたいてん》の敵。

鼻行類――南海の珍獣

その名のとおり鼻で歩行する。哺乳類のなかでも独特な位置を占めるもので、極度に奇妙な構造をもつ動物。ドイツの詩人クリスティアン・モルゲンシュテルンが、はじめてその存在を世に知らしめた。

たくさんの鼻で立ってゆったりと
ナゾベームは歩く、
自分の子どもたちをひき連れて。

学問的にいうと、このナゾベームは「ナソベマ・リリクム」のこと。原産地は南海のハイアイアイ群島。当地のダーウィン研究所博物館教授ハラルト・シュテュンプケが「新しく発見された哺乳類の構造と生活」と題して報告をのこしている。その原稿がまさに印刷に付されようとしたとき、秘密裡におこなわれた核実験の際の手ちがいから全ハイアイアイ群島が海面下に没してしまい、鼻行類もまた地上から消滅、島の東海岸に建っていたハイアイアイ・ダーウィン研究所、および全研究者が運命をともにした。その結果、かけがえのない写真や標本、観察・調査記録の一切が失われ、わずかにシュテュンプケ教授が最後の旅の直前につづった報告によって一般に知られるにいたった。ちなみに、邦訳をあげておく。ハラルト・シュテュンプケ『鼻行類――新しく発見された哺乳類の構造と生活』日高敏隆・羽田節子訳、思索社、一九八七年刊（のち平凡社ライブラリー、一九九九年。以下、〔　〕内は編集部による注記を示す〕。

ブロントサウロス――世界の果ての獣

ブルース・チャトウィンは紀行記『パタゴニア』の初めに幼いころの思い出を書いている。

祖母の家の食堂にはガラス張りの飾り棚があって、そこに一片の皮が置かれていたというのだ。ぶ厚くてごわごわしており、赤茶色の固い毛がくっついている。皮には錆《さ》びたピンでカードがとめてあった。そこに色あせた黒インクでなにか書いてあるが、少年にはそれが読めない。

「あれなあに？」

「ブロントサウロスの皮よ」

と母は答えた。

ブロントサウロスは大きすぎてノアの方舟《はこぶね》に乗せてもらえず、大洪水で溺《おぼ》れ死んだ動物だということだった。爪と牙をはやし、意地悪そうに光る緑色の眼をもっている。毛むくじゃらの、のっそりした幻の獣は、ときおり少年の夢をつき破って眠けを覚ました。

祖母の話によって、このブロントサウロスは世界の果て、パタゴニアに棲んでいて、何千年も前、氷河に落ちて青白い氷に閉じこめられていたが、そのまま山を下り、ふもとまでたどり着いた。それを祖母のいとこが発見した。いとこは氷から突き出たブロントサウロスを見たとたん、何をすべきかをすぐに悟った。恐竜を解体し、塩漬けにして樽に詰め、ロンドンの自然史博物館へと船で送り出した。しかし、熱帯を通過する船旅の途中にブロントサウロスは腐りはじめ、ロンドンに着いたときは、ひどい腐乱状態だった。骨格だけが博物館に収められ、皮は捨てられた。その一部が祖母のもとに届けられてきたという。つづいてチャトウィンは書いている。

「生涯において、あの一片の皮ほど欲しいと思ったものはほかにない」

いつかおまえにあげるよ、と祖母はいった。祖母が死んで、母にせがんだところ、母はいった。

「ああ、あれね、捨ててしまったわ」

少年は大人になって、ことの真相を知った。祖母のいとこが見つけた動物はブロントサウロスではなく、ミロドン。つまり巨大なナマケモノだった。チリ領パタゴニアのラストホープ湾に近い洞窟内に、寒さと乾燥した空気、それに塩分のおかげで腐敗を免れていた。いとこはそれを大英博物館に売ったわけだ。

幼いころの夢をたしかめるため、はるばるとブルース・チャトウィンは南米パタゴニアへ出かけていく。そしてとうとうラプラタの自然史博物館で幻の獣を見た。ラストホープ湾の洞窟から出てきた巨大なナマケモノ、ミロドン＝リスタイの残骸で、爪と糞と腱《けん》のついた骨、そして一片の皮が陳列されていた。その皮には、幼いころに見たのと同じ赤茶色の毛が生えていた。厚さは半インチ。白い軟骨が毛皮のなかに埋まっていて、まるで「毛の生えたピーナツの殻」のように見えたそうだ。

マルティコラス——サソリやまあらし
インドに棲む四足獣。やまあらしのたぐいかもしれない。ラブレーの『パンタグリュエル』によると、体はライオン、顔は人間、赤い毛並みをもち、三列の歯が手の指を組み合わせたように並んでいる。尻尾に鋭いトゲをもっていて、サソリのように人を刺す。奇妙な鳴き声をたてる。

マンドラゴラ——人の形の植物

人の形をした植物で、かつて絞首台の置かれていた土中にはえてくるとされている。ドイツ・ロマン派の作家アヒム・フォン・アルニムの小説『エジプトのイサベラ』では、ベラの飼い犬が何やら掘り出した。よくよく見ると、人間に似たかたちのものがくっついていた。生命の萌芽、一種の幼虫ともいうべき未完成の生きもので、ベラは泥をのぞき、土壌を一粒のこらず払いのけた。

「小さな子どもは、そんなことには我関せずといった様子で、ただ頭部のあるかなきかの開いた口から、ふうふうと息を吐き出しているばかりだった」

それでも胸に抱いて揺すぶってやると、気持がいいのを知らせでもするかのように、もどかしげに腕でベラの乳房のあたりをぐいぐいと押すのだった。しばらくは手足をひっきりなしに動かしていたが、そのうち寝てしまった。

ベラはこのマンドラゴラを抱いて帰り、ランプの下で、この奇妙な生きものをじっくりと眺めた。残念なことに接吻するための口もなければ、息を吸いこむための鼻もない。目もなければ頭髪もなく、まるで「生きた蕪《かぶ》」といったところだった。

ミユルミドン——蟻男

「蟻男」である。からだは人間だが、全身が蟻のように黒く、無数の足がついている。

アイアコスの国に疫病《えきびょう》がひろがっていた。濃い霧がたれこめ、ひと月のうちに月が四度満ち、四度欠けた。地上は焼けつくようで、いくら水を飲んでも渇きがやまない。つぎつぎと人が死んでいく。王は呆然とユピテルにささげられた樫《かし》の木のそばに佇《たたず》んでいた。見ると、その木に蟻が長い列をつくっている。樹皮のひだのなかを、小さな口で大きな荷を運んでいく。アイアコスの王は、おもわずユピテルに祈った。この蟻と同数の市民を私に与えよ。そして空っぽになった町を、ふたたび満たしてもらいたい。

高い樫の木がゆらぎ、風もないのに枝を動かしてざわめいた。

その夜、夢をみた。王の目の前に、昼間と同じ樫の木があらわれた。同じだけの枝をつけ、同じだけの生きものをその枝にのせている。そして昼間と同じようにゆらぎ、ざわめいて、蟻の列をバラバラと下の畑にまきちらした。オウィディウスは述べている。

「それから蟻たちはにわかに生育すると、どんどん大きくなってゆきます」

地面に身をおこし、まっすぐにからだを伸ばして立ち上がった。貧弱な背丈、黒っぽい皮膚、ある種の人間とそっくり。

夢からさめたとき、館の外で何やら久しぶりにざわめいているのに気がついた。息子のテラモンが駆けこんできた。望みも信じもできないようなことがおこったという。いそいで外に出てみると、夢にみたとおりの連中がずらりと並んでいる。そして王に挨拶した。

王はユピテルに感謝の供犠をし、この新しい民に、耕作者を失った田地を分け与え、彼らを「蟻男《ミュルミドン》」たちと名づけた。これこそ、彼らの出生にふさわしい名前だった。彼らはまさに蟻のように勤倹を旨とし、労苦に堪え、貯えることに熱心で、その貯えたものをひたすら維持しようとする者たちだった。

ヤマタノオロチ——八頭八尾の怪物

『古事記』によると、目は「赤かがち」のごとく、身は八頭八尾、全身が「蘿《こけ》と檜椙《ひすぎ》」におおわれ、その長《たけ》、谿《たに》八谷峡《を》八尾にわたり、その腹はつねに血にまみれている。酒に酔わされてスサノオノミコトに退治された。戸井田道三の『日本人の神さま』によると、ヤマタノオロチは出雲の簸川《ひのかわ》がまがりくねってのたうっている姿の「神話的想像」と考えられる。豊饒と破壊をかねそなえた河川＝自然の象徴。

蜮《よく》——水中の淫毒

干宝《かんぽう》の著した『捜神記』によると、漢の武帝のころ、揚子江の水中に妙なものがあらわれた。蜮、または短狐といい、砂を口に含み、人を目がけて噴出する。それに当たると、からだの筋肉がひきつれ、頭が痛み、発熱して、ひどいときには死んでしまう。土地の者が術を用いてとらえ、裂いてみると、肉のなかから砂や石が出てきた。『詩経』に「幽鬼であり蜮であれば姿は見えぬ」とうたわれているもので、俗に「淫毒」ともよばれている。あるとき男女が同じ川で水浴をした。女にたわむれたため、淫乱の気がこの怪物を生んだのだという。

6　百鬼の奇——日本の幻獣

筆の先から幻獣があらわれる

玉子に毛がはえている。一本脚で頭が三つ。馬にはツノがはえている。あるいは象の化け物のようなやつ。犬にも鳥にも見えるもの。人間ともお化けともつかないもの、そんなのがひしめきあっている。あるいは円座にくんでいる。列をつくって練り歩いていたりする。ときには画家自身が詩をつけた。

一脚而三頭
隻眼而四手
額抜無数角
面穿幾個口

一脚にして三頭、目が一つで手が四つ、額に多くのツノがある。口がいくつもついている顔。筆をとると、そんなのがあらわれる。

君不㆑見四維無㆓窮極㆒
地球不㆑堕
造化元是怪且奇

君見ずや、四方のすみはかぎりなく、地球は堕ちず、造化はもとこれ怪、かつ奇ではないか。

画家の名は高井鴻山《こうざん》、信州小布施《おぶせ》の人。文化三（一八〇六）年の生まれ、明治十六（一八八三）年二月没。

小布施は長野市の北東、私鉄で三十分ばかりの小さな町である。いい地酒を産する。近ごろは栗の町として売り出し中で、栗きんとんや栗ぜんざいの店があり、甘党にもたのしみがある。北斎が晩年、この小布施に逗留して、屋台絵や天井絵など数十点をのこしたことでも知られている。しかし私は北斎よりも、そのパトロン役だった高井鴻山に興味があった。とりわけ鴻山がしきりに描いていた妖怪画のこと。

高井家は屋号を「塩屋」といって、当地きっての豪商としてきこえた。鴻山の祖父の代に

高井鴻山《妖怪図》（19世紀、個人蔵）

財力をつけたらしい。屋号のいうとおり塩問屋よりはじめたのだろう。つづいて魚や菜タネ、木綿、生糸、さらには酒造業と手をひろげた。ヤリ手から下ること三代目にはボンクラが出て、めでたく家をつぶすものだが、高井家はそうではなかった。鴻山の俗称は三九郎、多芸多才な趣味人の一方で家業にも精出して富を保った。

十四歳のとき、父の許しを得て京へ出た。まずは梁《やな》川《がわ》星巌《せいげん》について漢詩を学んだ。岸駒《がんく》、岸岱《がんたい》といった画家のもとで絵を習った。ついで江戸へ移り、佐藤一斎のもとで陽明学を学んだ。天保の飢饉《ききん》に際し故郷にもどり、大坂で大塩平八郎が決起したころ、鴻山は自家の蔵をひらいて窮民を助けた。親戚の娘をめとって家を継いでいる。

詩文にたくみで書をよくし、画をかいた。村の行政官としても有能。なんでも出来た人であり、さしずめ地方の小レオナルドと言っていい。

怪なるかな怪なるかな

幕政改革論が盛りあがった前後に、彼は幕府に対する建白書を草している。

「恐れながら書付を以て申上げ奉り候――」

いつまでも鎖国をつづけていてはダメであって、これからは開国でなければならない。特に貿易を積極的にすすめなければならない。貿易の力によって国の力を強くしていく。軍隊を強くし、軍艦を造り、兵隊を養成する。さらには土木に力をそそぎ、橋をつくる、土堤を直す、川を補修する、生産を上げるための工夫をする――

「天下の財源を開き融通を使にする事」

「奇才異能の士選挙の事」

いかにも生活の現場で鍛えた人らしく、どの項目も具体的だ。「金銀米穀の事」のくだりで、米価の安定を力説している。それが他の諸物価に関係しているからであって、「而して此の関係は自然の勢ありて其勢に従うべく、上《かみ》の御威光にてもなかなか届くものにあらず」

維新後は、こんどは新政府に対して建白書や上申書を連発したが、おおかたがなしのつぶてに終わったようだ。明治三（一八七〇）年の詩に次のようなことばが見える。

宿志蹉跎身亦老
此翁白頭真可レ憐

願いは空しく、身もまた老いて、いまでは自分の白い頭を憐《あわれ》んでいる次第。妖怪画があらわれるのは、このころからである。

七十すぎてより死の年まで妖怪変化ばかり描いていた。一つ目、三つ目、ナマズに似たの、角のあるやつ、鳥にも犬にも見えるのがひしめいていたりする。絹本《けんぽん》、紙本《しほん》、屏風絵《びょうぶえ》もあれば茶具にも描いた。財布にも描いた。画賛にいわく、「筆を走らせ妄《みだ》りに塗抹《とまつ》す現われ来る百鬼の奇／人言う是何物ぞと予亦之を知らず」。数多くの妖怪詩も書いている。燈下にひとりすわっていると、たちまち妖鬼あらわれ、詩をまじえたという。玉子に毛がはえていても奇とするにあらず、馬に角があってどうしていけないのか。心の中で想像していれば、怪は自然にやってくる。「怪なるかな

怪なるかな」

高井鴻山《妖怪図》（19世紀）

名望ある知識人を妖怪図に走らせたものは何だったのか。画家の中村不折《ふせつ》によると「恐らく胸中の大不平を表したもの」という。高井三九郎は何度となく京や江戸へ出た。やがて家業の求めるままに郷里へともどってきた。維新政府にあて矢つぎ早に提出した建白

書にしても、その効果以上に、心ならずも一地方に閉塞して生涯を送らなくてはならなかった人物の悶々《もんもん》とした情をつたえるものかもしれない。才あった「夜明け前」の世代は、才があればあるだけ家の重みに苦しんだ。

それともこの冷静な観察者には、世が変わったとたんにいっせいに登場してきた新時代のヒーローたちが、奇怪な生きものに見えたのだろうか。妖怪詩の一行に「世間近日比曹多《やから》」とある。しっかりと土地に根づいて財を築いてきた経営者にとっては、おりしも大手を振ってのし歩いている、にわか景気の成り上がり者がコッケイでならなかったにちがいない。

柳田國男と河童

柳田國男の『山島民譚集《さんとうみんたんしゅう》』は大正三（一九一四）年五百部の私家本としてつくられて、友人、知人にくばられた。前年の大正二年、雑誌『郷土研究』を創刊。貴族院書記官長のかたわら民俗学への道にのり出した矢先のことだ。

はじめに「小序」と題し、古い唄のスタイルで十行ばかりがしるされている。

横ヤマノ　峰ノタヲリニ
フル里ノ　野辺トホ白ク　行ク方モ　遥々見ユル……

これは道辺に置かれた小さな塚であって、旅びとがこの石塚に、おもいおもいの石を積んでくれればいい。そんな思いをこめて作ったという。

　のちに単行本として出すにあたり「再版序」をつけ、その冒頭で、この本の文章がすこぶる変わっていることを断っている。「斯《こ》んな文章は当世には無論通じないのみならず、明治以前にも決して御手本があつたわけで無い」

　諸国の河童をめぐる「河童駒引」、またその続篇にあたる「馬蹄石」を収めたもので、「サテモ此世ノ中ニ河童ト云フ一物ノ生息スルコトハ既ニ動カスベカラザル事実ナリトスレバ」といったぐあいにつづられており、いかにも奇妙な文章である。これまでの雅文体がいきづまって、ふつうの「である」調にしたいのだが、いまだに思いきれない、そんな過渡期、自分の「苦悶時代」の産物であって、失敗した試みの一つだという。

　先ヅ旧日本ノ北端ヨリ始ムベシ。羽後仙北郡神宮寺町ノ花蔵院神宮密寺ハ八幡宮ノ別当寺ナリ。京ヨリ快糸法印一名ヲ咽《ノド》法印ト云フ山伏下リテ此寺ニ住ム。或時河童ヲ生捕《イケドリ》ニシテ厳シク之ヲ戒メシニ、手ヲ合セ涙ヲ流シテ詫ヲスル故ニ放シ遣《ヤ》ル。其徳ニ因ツテ以来此一郷ニハ決シテ河童ノ災ナシ。

片々たる言い伝えや見聞録、記録のかけらが集められている。それを敏感な指先でさぐるようにして選り分け、水の神の童子が奇妙な妖怪に落ちぶれていった道筋をたどっていく。

この点、ハイネが『流刑の神々』で語っているゲルマンの神々の零落ぶりとそっくりである。そこでもかつては威光につつまれていた森の神々が、キリスト教の伝播につれて、しだいに追いつめられ、恐ろしさ半分、おかしさ半分の悪魔や悪霊に落ちぶれていった。

此時代ノ河童ハ神代《カミヨ》ノ草木《クサキ》ト同ジク能ク人語ヲ解シタリト見ユ。又人間ト同ジク或ハ泣キ或ハ叩頭《コウトウ》シ、甚シキハ人間ト対等ニ不行為ノ契約ヲ締結セリ。

いかにも多くの河童がいた。たいていは河や沼に棲んでいたが、『山島民譚集』にも引かれている『諸国見聞図会』によると、江戸深川仙台河岸、伊達さまの下屋敷の溝にもいた。この山島の民のものがたりがつたえているとおり、諸国のいたるところに河童がいた。

あるところではカワタロウといった。

川童とも河伯とも水虎とも書く。水神とよんだところもある。赤松宗旦のあらわした『利根川図志』には克明な肖像がかかげてあるが、青黄色いからだで、なまぐさい臭いがあり、頭のてっぺんに皿をもっている。いつもその皿のなかに油をたくわえていて、油があるうちは強いが、それがなくなると、とたんに弱くなる。昔ばなしや民譚に出てくる河童には、いたってのんきなやつがいたようで、夜道に待ち伏せしていて、相撲をとったりする。

九洲ハ肥前佐賀ノ藩士大須賀道健《オホスガダウケン》ガ被管、佐賀郷百石村《モ、イシ》ノ某ト云フ者、東淵《ヒガシブチ》ト云フ処ヨリノ帰途ニ、一人ノ小僧来リ逢ヒ強ヒテ角力《スマフ》ヲ取ランコトヲ求ム。某之ヲ諾シテ取組ミシニ、負ケナガラ段々ト水ノ方ニ近ヨル。サテハ河童ト心ニ悟リ、此物人間ノ歯ヲ怖《オソ》ル、コトヲ兼《カネ》テ知リタレバ、早速ニ其肩ノアタリニ嚙附《カミツ》ケバ、声ヲ立テ、水底ニ遁《ノガ》レ去ル。

あるいは溺死者《できししゃ》のお尻を吸って「へノコ玉」を抜く。

河童を描きつづけた小川芋銭

画家小川芋銭《うせん》は好んで河童を描いた。人よんで「カッパの芋銭」。あるものは頭に天皿をいただき、手足に水かきをもっている。背中に蓑《みの》のようなものをもったのや、亀の甲羅《こうら》と似たのをせおったのもいる。二本足で立ったり、四つ足で這い歩いたり、悠々と水中を泳いだりするいっぽうで、恋もすれば、いたずらをして貝に手をはさまれたり、竜巻におびえて鳥居にしがみついたりした。『河童百図』に書いている。

「享和辛酉六月朔、常陸国水戸浦の漁夫が捕へたる屁こきカッパの記録により其存在を確かめたり」

小川芋銭《水虎と其眷属》（大正十（1921）年、愛知県美術館所蔵）

人にもそう語り、自分でも信じていたらしい。大正十（一九二一）年、日本美術院同人のアメリカ巡回展に「水虎と其眷族」を出品した際、「是はそもそも日本牛久《うしく》にて生捕りましたカッパの化物」と書き送った。

上や下に賛《さん》があって、これを受けるかたちで墨絵あるいは淡彩の絵がつく。賛と句もまた自作。一瞬の気合いでできたようなおもむきがある。

大正十二年作の「水魅戯《タワムル》」は関東大震災を予告した絵といわれるが、河童とも化け物ともつかないものが、どっとあふれ出た。「狐隊行」と題された一枚がある。淡い墨と淡彩のまだら模様だ。地のはてはひと色にとけて水辺につづいているらしい。湖水とも岸ともつかぬところを、妖しく燃える炬火《かがりび》をかかげて一隊の狐がすすむ。その向こう岸はひとはけの遠景で、その上は渺茫《びょうぼう》とした空につながる。ざっとそういった図柄である。俯瞰の視点からとらえてあって、空間は広くて遠い。

河童の描き方について、芋銭自身は、河童は何よりもその眼に「まぼろし」をもっていなくてはならず、まぼろしとは河童のこころを出すのであって、霞のなかにピカリと光る鋭さのようなものだ、といった意味のことを述べている。それはつまるところ技術上の問題ではなさそうだ。小川芋銭という人物の人となり、また生活に、ひいては世界観に関連したことがらにちがいない。そういえば芋銭がおりおり語っているところによると、自分が絵に描いている沼の生きものがとび出してきて、画面がやにわに白紙になり、これを見ているとめまいがして、机にうつぶしていた。しばらくして目をひらくと絵はもとのままで、河童が画面のなかで遊んでいた。芋銭当人はこれを「奇妙な病気」と名づけていたらしい。

傍流の人

明治以後の日本画のなかで、小川芋銭は終始、傍流の画家だった。時流からそれ、みずからも世間から遠ざかって、ひっそりと、反時代的な、あるいは超時代な絵をかきつづけた。南画風のその絵は既成の南画のかたちからはみ出した一種独特のものだった。南画あるいは文人画は、そもそも画壇の主流をなす官展の流派やアカデミズムに追随しようとしない自由な精神から生まれたものであって、傍流は当然だとしても、反官展の日本美術院の同人になってからも、芋銭はきわだった孤立のままに終始した。

彼はまた、いたって晩成の人だった。二十六歳のとき帰郷してより茨城県の片田舎に住む。日本画らしいものを描くようになったのは四十をすぎてからであり、五十歳の芋銭は牛久在の売れない画家、ヘボ絵かきだった。みずから「百花競艶の間に立つ姿のさびしきあすならふ」にたとえたりした。大観《たいかん》をはじめ、御舟《ぎょしゅう》や古径《こけい》や靫彦《ゆきひこ》や青邨《せいそん》らがはなばなしく活躍するなかで、世間をすてたというよりも世間からすてられたというかっこうで、もっぱら禅にしたしみ、くり返し旅に出た。それはしばしば数ヵ月にわたり、大正十五（一九二六）年の丹波旅行などは九ヵ月もの長旅に及んでいる。

斎藤隆三の『大痴《だいち》芋銭』によると、小川芋銭は、かねがね自分の雅号を気にしていたが、昭和五（一九三〇）年、東京に訪ねてきたとき、その日たまたま机の上においてあった漢詩集を手にとったところ、そのなかに「或例荷銭喚芋銭」とあるのを見つけて、「芋銭も雅号になる」と、ひとりつぶやいていたという。

芋銭はしばしばイモセンと湯桶《ゆとう》読みをされたことだろう。この名前のもつのどかなおかしみは、『草汁《そうじゅう》漫画』の漫画家芋銭には似合いのところだったし、のちの「カッパの芋銭」にもふさわしいものだった。しかしながら、本格的な日本画にうつってからは、自分の絵にそぐわないと考えていたらしい。『徒然草』に語られているイモ好きの坊さんにあやかり、自分の描いた絵が、なろうことなら芋を買う銭になればいいと思って名づけたのに、おいおい芋以外にも何やかや買えるようになったのをテレくさく思ったせいかもしれない。それとも自分の風景画がこの名前のせいで、いうところの「芋山水」を連想させはしないかとおそれたのだろうか。あるいはまた、わざわざ自分で余技めいた芋山水の画家とへり下っているようにみられはしないかと気にやんだのだろうか。いずれにせよ六十二歳にもなって、成句をたしかめ雅号になるとひとりつぶやくなど、いかにもこの人らしいのだ。

水魅山妖への偏愛

小川芋銭はどこまで河童の実在を信じていたのだろう？『草汁漫画』以前の少年時代にも河童を描いていたらしい。なかんずく放浪時代に河童を描き、名をなしたのちの風景画にも、おりおりさりげなく描きそえた。おそらく河童やその他、水魅山妖《すいみさんよう》に対する偏愛は、生まれつき虚弱であり、長じてからもたえず病いに悩まされたこの人の体質的なものがあずかっていたかもしれない。それが中国の古書や蕪村《ぶそん》に学んだ知識にうながされ、また牛久あたりの自然にあたためられて、農村の生活と結びついて独特の幻想をもたらした。

人かげのない寂然とした風景がある。水にのぞんで一軒、あるいは二軒の家があり、かなたの空に山一つ。のどかな風景というよりも、しみるような孤独の思いを伝えている。

やがてかなたの雲烟《うんえん》がひろがって山をかくし、人家をかくすだろう。見たものは一瞬のまぼろしか、そこにはたえず水がある。雨があり、霧があり、天地の水がある。ここは水国であり、水村だ。そして人とも獣ともつかない生きものが嬉々としてとびはねている。このとき人は全景の実在を、いわば芋銭的宇宙の実在を信ずるほかはないだろう。昭和七（一九三二）年、彼はある人への手紙に近況をつたえている。毎朝五時に起きて観音経二百遍を誦《しょう》しているという。声をはりあげ、声帯も破れよとばかり唱えている。

「夜の漸《ようや》くしらしら明けんとする時木菟《みみずく》及名も知らぬ野鳥の一斉に和して歌ひ候、此時宇宙と一体になりたる心地芸術三昧ここにありと歓喜至極に存候」

芋銭は晩年、好んで銚子《ちょうし》の海鹿《あしか》島に出かけた。そういえば柳田國男は赤松宗旦の『利根川図志』につけた解題のおわりに、十代のころ末弟と海鹿島に出かけたときの思い出を書いている。夏の盛りにわずかな小遣いを握って家を出て、利根川の堤を下っていった。腹がへってダダをこねる弟をなだめすかして夜道を銚子の浜まで歩いた。船賃をのけると一泊するにも足りなかったからである。ところがその海鹿島には、もう『利根川図志』の述べているような海鹿はいなかったし、評判の遠めがねもこわれていた。柳田兄弟は、これがその獣の皮だという毛のはげた敷物の上で、梅干と砂糖だけの朝飯を食べて帰ってきたそうだ。

柳田國男がこの思い出を書いたのは昭和十三（一九三八）年の七月、つまり「カッパの芋銭」が脳溢血で倒れた年である。

7　霊獣たちの饗宴——日光東照宮の場合

八百体の霊獣

「霊獣」とよばれている。現実には存在しない想像上の生きものである。種類にして百五十あまり、総数約八百体、それが一つの建物を埋めつくすようにして刻まれた。

馬に似ているが、翼をもっていて空を飛ぶのが龍馬。フクロウに似ているのが鴞《きょう》。猿に似ているのが猩猩《しょうじょう》。蛇に似て、しかし翼をもつのが鳴蛇《めいだ》。ブタに似ているのが并封《へいほう》。ある鳥は四つの翼をもち足は六本。そのほか亀、鳳凰《ほうおう》、龍、そして麒麟。ポカンと口をあけた人々の頭上たかく、ビールのレッテルにおなじみの幻獣が中空に極彩色で浮かんでいる。

日光東照宮のなかでもひときわ華麗な陽明門だ。三代将軍徳川家光の命により、寛永十一(一六三四)年、造営にとりかかった。秋元泰朝《やすとも》を奉行として、幕府作事方大棟梁、甲良豊《こうら》後守宗広が一門をあげて工事に加わり、およそ二年後に落成をみた。本社、拝殿、廻廊、護摩堂、五重塔、仁王門、それに陽明門など二十にちかい建物からなり、総工費五十六万八千両、銀百貫匁、米千石を要した。神社と仏事を折衷《せっちゅう》した権現造《ごんげんづくり》で、全体には将軍の権勢をあらわした豪奢《ごうしゃ》華美、江戸の霊廟《れいびょう》建築の代表的なものとされている。

日光に東照宮が造られたのは、これが初めてではない。元和二（一六一六）年の家康の死後、二代将軍秀忠はまず駿河《するが》の久能山に葬った。翌年、朝廷より東照大権現の神号を受ける。僧天海の建議にもとづき下野国《しもつけのくに》日光山に改葬、あわせて日光東照宮を造営した。つまり、いまある東照宮は二代目、いわば新装、改築モノというのにあたる。

秀忠が造営させた初代東照宮の正確な規模や配置については、よくわかっていない。しかし、どんな名称の建物が、ほぼどの位置にあったかということは、大筋の調べがついている。本社、拝殿、廻廊、陽明門など十一の建物からできていて、天海自身がみずから「縄張り」をした。

それを家光が新しく造りかえた。以後、何度か改修されたが、建物の規模や配置においては、ほとんど当初のままで伝わっている。現代の東照宮にあって、秀忠造営のものになかった建物は、五重塔、仁王門、鼓楼、坂下門など、ごく副次的なものが七つ。逆のケースは一つもない。にもかかわらず家光は、父秀忠の手になったおおかたを取りつぶして造り替えた。

先のが質素だったので新しく立派にした、というのが定説だが、必ずしもそうともいいきれない。違いはせいぜい規模や彫刻、彩色といった面でのことで、基本的な配置や名称はまったくといっていいほど変わらなかった。また薬師堂や陽明門のように立派に造り替えたものがある一方で、前代のものとほとんどかわらないのも多くあった。とすると家光はなぜ秀忠の東照宮を撤去したりしたのだろう？　どうしてわざわざ巨費を投じ、これまでと同じプランによって、ほぼ同じところに、同じ建物を造ったりしたのだろう？

家光の家康崇拝

家光は異常なまでに祖父を尊崇していたらしい。『徳川実紀』のつたえるところによると、あるとき家光は瘧病《ぎゃくびょう》（おこり）にみまわれた。いろいろ治療をやってみたが、はかばかしくない。ついては御小姓頭《おこしょうがしら》が言上《ごんじょう》した。権現様にお供えした供物《くもつ》の残りをいただかれてはいかがだろう。

家光は大まじめにききいれた。その結果を、わざわざ使者を走らせ、紀伊と水戸の当主に知らせている。――このたびの「おこり」に、あらゆる治療を試みたが、はかばかしくなかった。ところがひとたび、日光東照宮お下がりの御供米をいただいたところ、みるまに回復した。「まことに深く感じ入った次第である」

同席している誰かが家康のことを話しはじめると、家光は直ちに手で制した。きちんと袴《はかま》をつけ、座を正し、両手をついてから、やおら、「さて、権現様は何と仰せられたか」といったという。

家光はまた、たびたび家康を夢にみた。自分のみた夢にもとづく祖父の姿を絵師狩野探幽《かのうたんゆう》に描かせている。現存するものが八幅。実際はもっと多かったはずだとすると、のべつ夢にみていたのだろう。寛永十四（一六三七）年、病いを患《わずら》ったとき、ひたすら家康公を念じつづけたところ、日光参拝の夢をみて目がさめた。おこりが落ちたように、きれいに病いは失せていた。

家光はまた肌身はなさずお守り袋をたずさえていた。中に自筆の文書が入っている。その一つには、つぎのように書かれていた。

「いきるもしぬるもなに事もみな大こんけん（権現）さました（次第）に、……しん（神）おありがたく存、あさゆふにおか（拝）み申ほかはなく候。将くん家光（花押）」

敬仰の念というにはあきらかに度がすぎている。もはや信仰というべきだろう。

日光山にあらためて東照宮造営にとりかかったころ、僧天海はまだ存命していた。ときに九十九歳。家康、秀忠、家光の三代にわたって、ことのほか信任が厚かった。その意思は無視できない。天海の「縄張り」は変えられない。と同時に深く敬仰する祖父を祀るため、自分の手でおやしろを造りたい。そのため家光は一つの口実を思いついた。伊勢神宮のように、二十年ごとに社殿を造り替える。いわゆる「式年遷宮《しきねんせんぐう》」であって、おりしも寛永十一（一六三四）年は、ちょうど二十年目にあたる。

なぜこれが「口実」であるかといえば、幕末にいたるまで式年遷宮のことなど、その後は一度も話題になった形跡がないからだ。それにいまみるとおり、家光が造営させた建物は、どう考えても二十年後に建て替えられることを念頭において造られたものではない。それは陽明門にみる丹念な彫刻一つをとっても、また漆の胡粉《ごふん》をふんだんに使って建物の保護を図っていることからもわかるところだ。それかあらぬか家光はダメ押しというふうに、巨大な石造りの奥社宝塔を奉納している。そこには雄渾《ゆうこん》な文字で「以テ不朽ニ垂ル」といった意味のことばが刻まれているのである。

東照宮の謎

日光東照宮文庫長（一九九四年当時）の高藤晴俊氏によると、ここはおよそ「謎にみちた、何とも不思議なところ」だという。神事、あるいは建物を調べていくと、いつも新しい発見があり、さらに新たな謎が生まれてくる。

東照宮の特徴の一つは、建造物にほどこされたおびただしい数の彫りものであって、その総数は五千をこえる。動物、植物、鳥類、人物にわたるが、動物のうちのほとんどは龍や麒麟などで「霊獣」とよばれる想像の動物で占められている。龍や唐獅子は見わけやすいが、貘《ばく》や龍馬はわかりにくい。麒麟や犀などの区別もやっかいだ。しかし、ある種の分類法といったものがあって、それを応用するとだいたいわかる。

貘は象のように鼻が長いが、目は象とちがって丸く、トゲトゲした眉をもっている。龍馬の顔は龍だが、足は奇蹄《きてい》、角が二本ある。いっぽう、麒麟は偶蹄《ぐうてい》で、角は一つ。背中に甲羅があれば亀か犀である。犀だとあご髭と角があって、足に蹄《ひづめ》をもっている。文庫長さんのいわく、「これがわかれば、東照宮は面白い」。

三百五十年以上も前に刻まれたものなのに、最近になってやっと「発見」された珍獣がいる。陽明門の屋根下には、ずらりと龍頭が並んでいるが、そのなかに何くわぬ顔をしてへんなのがまじっていた。ブタのような上唇に鼻の孔がある。あきらかに龍ではない。だいたい龍につきものの髭がない。首のあたりの毛がカール状をしているところから鑑定が下った。霊獣の一つで、名前は「息」。はたして「息」をどう発音するのか。読み方は不明。ワニの神格化されたものらしい。

もう一つ、やはり龍に似ているが、口からは何やらウネウネした棒状のものを吐いているのがいる。龍ではない獣で、名前は「蜃《しん》」。口から吐いたウネウネしたものは「気」をかたどっている。蜃の気から生まれるのが蜃気楼。無から有を生み出す聖獣である。

実在する動物のなかでは虎がもっとも多い。配置の点でも、とりわけ重要な社殿正面の位置にいる。霊獣のほうは、龍が最多である。それなりの理由があって選ばれた。徳川初期三代の干支《えと》にちなんでいた。家康は寅《とら》、秀忠は卯《う》、三代将軍家光は辰《たつ》。つまりは虎、兎、龍とつづいた。それで家光は干支にこだわり、しかるべき指示を下したようだ。ふつうは龍虎が対等に用いられるのに対して、日光東照宮では中央に虎、龍はその左右、虎と向き合うところに兎が置かれた。

上神庫の屋根の下に象がいる。狩野探幽が想像で下絵を描いたので「想像の象」とよばれている。なぜ庫の屋根下に象がいるのか？　シャレで置かれたものであって、征宝蔵《ぞう》だから象。

上：日光東照宮陽明門背面
下：陽明門背面上層部の尾垂木。上段の龍の下が「息」

神厩《しんきゅう》には猿がいる。みざる、いわざる、きかざるの「三猿」として有名だが、猿は東照宮にかぎらない。陰陽五行説によると、馬が火、猿は水、火から守る水により、猿は馬を守るものとされてきた。神厩には三猿だけでなく、北と西の両面にも計八体の猿がいて、一連の物語になっているそうだ。ストーリィの模範回答もあるが、それぞれ自分なりの物語をつくられてはどうかと文庫長さんはすすめている。

陽明門にある「魔よけの逆柱」については、ガイド嬢がことこまかにウンチクを傾けてくれるはずである。十二本の柱のなかで、北側の右から二番だけが「ぐり紋」といわれ、文様が逆さまになっているのはなぜか？　また文様が逆さまだと、どうして魔除けになるのか？

「ヒントは兼好法師の『徒然草』にございます。天皇さまのお住まいになる御所を造るとき、一つところを造りのこしにいたします習《なら》わしから生じたのでございます――」

建物は完成した瞬間が頂点であって、そのあとは目にみえない崩壊がはじまっている。とすると完成させなければ崩壊もまたはじまらない。崩壊をさえぎるための呪術として、一ヵ所だけ違う細工をほどこしておく。陽明門をはじめとしてどの建物にもその種の細工をほどこした。文様や彫刻に「向き」の違うものが入れこんである。あるいは垂木《たるき》のつくりが一つだけ違っている。

将軍が頭を下げる

東照宮は日光だけにかぎらない。全国にある。幕府への忠誠を示すため、大名はこぞって領内に東照宮を造った。幕府直営のものは日光のほか、久能山、上野、そして江戸城内の紅葉山にあった。正式には「御宮御社参」といったようだが、家康の命日である毎月十七日に、将軍以下、老中、若年寄が、紅葉山の二天門より拝殿まで行列して参宮した。そのとき紋の大きい直垂《ひたたれ》をつけたので、人よんで「大紋行列」。

命日の前日の暮六ツ時というから夕方六時、将軍は、入浴後、衣服、帯、肌着、下帯までも清浄のものと取り代える。帯や障子などにも燧《ひうち》で切火をかける。ことば、動作も、ひとしおつつしむ。大奥に入らない。御小姓以下の者たちにもこまかい定めがあって、死とか出火とか女に関することを口にしてはならない。

「御宮御社参」に先だって東照宮遺訓拝聴という儀式があった。朝五ツ半（午前九時）ごろ、将軍は麻の上下を着用して、御座の間の少し下段の方にすわっている。褥《しとね》は敷かない。刀は左の方三尺ほど離れたところに置いて刀掛は用いない。御小姓たちは下段二の間に両手をついて控えている。

御小姓頭がひとり御座の間の上段にのぼり、御座の間を背にして将軍の上席にすわる。それからやおら家康の遺訓を読みあげた。日光土産《みやげ》でおなじみだろう。「人の一生は重荷を負《お》うて遠き道をゆくがごとし、いそぐべからず」のあれ。近所のソバ屋の壁にガラスケースに入ってかかっていたりする。

「不自由を常とおもへば、不足なし。こころに望おこらば、困窮したるときを思ひ出すべし」

将軍は両手をつき、頭を下げて拝聴した。

「堪忍は無事長久の基、いかりは敵とおもへ――」

三度くり返す。読み終わると御小姓頭は下段にすべり下りて平伏した。役目柄とはいえ、天下の将軍に両手をつかせて拝聴させる。役目をわりあてられると、たいていが尻ごみをしたそうだ。

建物がかたる物語

「御宮御社参」は三代将軍家光の時代にはじまった。そしてすでに述べたように、家光は父秀忠の手になる建物を取り壊して、あらためて大々的に東照宮を造営した。秀忠に代わって家光が将軍職を継いだのが元和九（一六二三）年、その六年後に紫衣《しえ》事件というのがあって沢庵《たくあん》らが流罪になった。武家諸法度改定、またあいついで鎖国令が出され、徳川体制が固まっていく。その総仕上げのようにして寛永十三（一六三六）年、日光東照宮の大造営が完了した。

単なる建築物ではなかったはずだ。これは建物でつくられた絵物語である。なにげない彫りものが意味をもち、その意味を語りかける。唐門には舜帝《しゅんてい》の彫刻がある。現在の年号（平成」の由来となった「内平外成」は舜帝のことばとしてつたわるもので、家康が理想とした政治家だった。

舜帝の像の上に二人の人物が刻まれている。許由《きょゆう》と巣父《そうほ》である。許由は尭帝からの政権委譲を断った。尭帝の没後、舜帝は辞退したが周囲が納得しない。それで帝位についた。よなれた尭帝は秀吉。舜帝が家康になぞらえてある。豊臣家を滅ぼして政権を簒奪《さんだつ》したのではない、ということの主張がみてとれる。

東の廻廊の蟇股《かえるまた》に有名な「眠り猫」がいる。ふつうは見えないが、猫の裏側には雀が刻まれている。猫が眠っているから雀は安心して暮らせるわけだ。家康公の手によって戦乱の世に終止符が打たれ、いまや雀が心おきなくさえずることのできる平和の時代がきた。

猫と向かい合う位置にミカンが刻み出されているのはどうしてか？　廻廊は奥宮への入口である。その入口にミカンが実っている。古来、ミカンは常世国《とこよのくに》のくだものとされてきた。常世国とは海のかなたの理想国、家康の墓のある奥宮への入口はまた理想郷への道であって、そこにはミカンが実っていなくてはならない。

これらを護持するようにして数百の奇妙な動物がいる。龍馬は翼をもって空を飛ぶ。前後に二つの頭をもつのは「踧踼《ちゆつてき》」とよばれる霊獣。猿に似た猩猩《しようじよう》は、顔が白くて耳がとがっている。魚身であって鳥の翼をもつものがいる。名前は鰖魚《かつぎよ》。

麒麟は中国産の一角獣といっていい。おめでたい瑞獣《ずいじゆう》に四種あって、龍、鳳凰《ほうおう》、亀と並ぶのが麒麟。鹿のからだに牛の尾と馬の蹄をもち、額から一本の角が突き出ている。いいつたえによると地上にすむ生きもののなかの第一に位するもので、この出現は聖王の誕生を予言している。舜帝の時代のことだが、裁きにおいて、この獣が人を見わけた。不当な告訴を受けた者は、ただながめている。罪ある者には猛然と突きかかっていったそうだ。

それにしても下絵を描いた絵師、あるいは、いとも器用に刻み出した彫り師たちは、一体これらの絵すがたをどこから見つけてきたのだろう？

8　中国の宝の書——『山海経』入門

魯迅の驚き

魯迅《ろじん》は幼いころの思い出をつづった「阿長《アチヤン》と『山海経《せんがいきよう》』」のなかで、はじめてこの本を手にしたときの驚きを述べている。

「坊《ぼつ》ちゃん、絵のついた『三哼経《サンホンジン》』ですよ。私が買ってきましたよ」

雷に打たれたように全身が震えたという。急いで受け取って、紙包を開くと、四冊の小さな本が出てきた。さっとめくって見ると、人の顔をした獣、九つの頭をもつ蛇などがひしめいている。

「この四冊の本が、私がはじめて手に入れ、もっとも愛した宝の書だったのである」

いたって粗末な刊本だったらしい。紙は黄ばみ、図像もわるい。線はほとんど直線で、動物の目は長方形といったぐあいだ。「しかし」と、魯迅はくり返して書いている、「それは私のもっとも愛した宝の書だった」

ふしぎな鳥がいる。怪しい獣がいる。少年は胸おどらせながら頁《ページ》をくっていった。一本足の牛、袋のようなへんてこな生きものである形天。「臍《へそ》を以て口となし」、さらに「干《たて》と戚《おの》とを執《と》りて舞わん」とする。

獣がいる。姿は馬のようで白い首をもち、毛並みは虎、赤い尾をもっている。その声はうたうようで、名を鹿蜀《ろくしょく》。

水中に黒い亀がいる。形は亀だが鳥の首をもち、マムシの尻尾をしている。名を旋亀《せんき》といい、木を裂くような声を出す。

「……鈐《けん》山より萊《らい》山に至るまで、すべて十七山、四千百四十里、うち十人の神がみはみな人面で馬身、他の七人の神がみはみな人面で牛身、四つの足、一つの臂《かいな》で杖をもって行く。これは飛獣《とぶけもの》の神がみで、これを祀る毛《けもの》には、少牢（羊・豚）を供える——」

のちに魯迅は中国小説の歴史的変遷をめぐる講演において、文芸作品の発生を語った冒頭に、神話を含む大きな作品のうちのもっとも重要な一つとして『山海経』をあげた。そのなかでも後世とかかわりのある一つの例が西王母の物語——

「玉山、是れ西王母の居る所なり。西王母はその状人の如く、豹尾虎歯《ひょうびこし》にして善く嘯《うそぶ》き、蓬《ほう》髪《はつ》に勝《しょう》を戴《いただ》く。是れ天の厲《れい》及び五残を司る」

姿は人だが豹のような尾と、虎の牙をもつという。口笛が巧みで、乱れ髪に玉の髪飾りをつけている。天の災害と五種の刑罰（いれずみ、鼻きり、足きり、去勢、死刑）をつかさどる。古代において祭政をとりしきっていた者を語ったものにちがいない。そんなところから

鳴蛇

形天

氏人国

天狗

類

魯迅は『中国小説史略』のなかでは『山海経』を「古代の巫書」であろうと述べた。

天下の賢者だけが理解する

郭璞《かくはく》の序にはじまって南山経、西山経、北山経、東山経、中山経とつづき、ここから海外に移って南・西・北・東、海内も同じく南西北東。さらに大荒にわたって東経、南経、西経、北経。しめくくりの第十八が付録のような海内経――「東海の内、北海の隅に国あり、名は朝鮮。この国の人は水に住む、偎《わい》人、愛人あり。西海の内、流沙の中に国あり、名は壑《かく》市《し》……」

この書き方からもわかるとおり、もともとは中国古代の地理書だったが、地理だけではなく、歴史や神話、民族、動植物、医薬、宗教など、きわめて多彩な記述をとっている。いつのころに生まれ、だれがこれを書いたのか、よくわからない。つたわるところによると禹《う》と益の著書といわれ、紀元前三世紀の戦国時代に成立、漢代のはじめまで何度も手を加えられた。

「世の『山海経』をよむ人たちは、いずれもその荒唐無稽にして奇怪奇抜な言葉が多いために（その内容の真実性に）疑問をもたないものはない」

序を書き、注をつけた郭璞がすでに巻頭でことわっている。どうかバカバカしいと思わないでいただきたい。人の知るところはその知らないところに及ばないと荘子もいったではないか。おもえば宇宙は広大であって、生命あるものの数は多く、陰陽はあたため合い、精気いりまじり、互いにはげしく湧き立っていないだろうか。幽霊や怪物は物象に触れて化け、山川に形を現わしたり、木石にすがたをみせるなどいちいち言うまでもない。とすれば、互いに矛盾するところを総合して「一つの響」に打ち合わせ、その変化にゆだね、これを「一つの象《かたち》」に融合すれば、世にいう異常もまた、それが異常であるとはいいきれないし、世にいう異常でないことも、それが異常でないとはいいきれない。というのは物それ自体からみれば異常なのではなく、「我見」を立てて、そののちに異常となるからだ。

「異常はまこと我にあって、物それ自体が異常なのではない」

郭璞は紀元三世紀、山西省の聞喜《ぶんき》に生まれた人。博学にして経術を好み、五行・天文・卜筮《ぼくぜい》を修め、晋の元帝の死後、王敦《おうとん》の記室参軍となったが、故あって殺された。

『山海経』が、山川の名号や所在の誤りのため道理がとおらないとして捨てられかけているのを惜しみ、注解を引き受けたという。いかにも珍しい物語であって、だれもがこれをともにたのしめるわけではない、と序の終わりに警告している。草むらにいる小鳥に、天高くあまかけることをいってみてもはじまらないし、足あとの水たまりに遊ぶやからには、「あかき蛟《みずち》の天に登る」を知るによしない。天帝の庭は世の佁人《たいこもち》ごときが足を踏み入れるところではないのである。

「天下の賢者でなければ『山海（経）』の深義をともに語ることはむつかしい。ああ、博学達識の客《ひと》よ、よくよく鑑《かんが》みられんことを」

奇想の大盤ぶるまい

だが、魯迅の思い出からもわかるとおり、『山海経』はひとり「天下の賢者」にのみ許されたたのしみではない。半ズボンの少年もまたことのほかたのしんだ。ポール・ヴァレリーが「アドニスについて」のなかで述べているところによると、世の「怪物に必要な補足物、それは子どもの頭脳」だというから、魯迅少年はもっとも理想的な読者であったというべきかもしれない。

まったくこれは、いたずら好きの少年の頭に宿ったかのような奇想の大盤ぶるまいなのだ。幻獣の一大カタログである。

帝江は黄色い袋のような姿をしていて、顔も目もない。六本足で四つの翼をもつ。

陸吾は虎のからだで、顔は人間、虎の爪をもつ。

耳鼠《じそ》はむささびのようなものらしいが、姿は鼠で顔は兎、犬のように吠える。

狍鴞《ほうきよう》は羊に似ている。顔は人間で、わきの下に目があり、虎の歯、人の爪をもつ。嬰児《えいじ》のような声をたてる。

䑏《き》はかもしかの姿をしていて、四本の角があり、馬の尾と距《けづめ》をもち、踊るのが上手で、鳴くときは自分の名をよぶ。

三本足の牛がいて、その名は獂《げん》。

彊良《きょうりょう》は虎の頭に人間の顔をしていて手足が長い。四つの蹄をもち、口に蛇をくわえている。

山𤟤《さんき》は首から上は人間で、からだは犬に似ている。高々と跳ね、また矢のように走る。だからこれは台風の到来を先触れする。人間を見ると嘲《あざけ》るように笑うそうだ。

形天は魯迅少年が驚きの目をみはったとおりである。首がなく、両目が胸にあって、臍《へそ》が口。神々と戦ったため首を切られたらしい。楯と斧をふりかざして、ピョンピョン跳びはねる。

「……さらに西へ二十里、復州の山という。木には檀《まゆみ》が多い。山の南には黄金が多い。鳥がいる、その状は鴞《ふくろう》のようで一つの足、彘《いのこ》の尾、その名は跂踵《きしょう》。これが現れるとその国に疫病はやる。さらに西へ三十里、楮《ちょ》山という……」

さらに奇怪な海外篇

海外篇になると、さらにふしぎな生きものが、おびただしく登場する。羽民《うみん》国の人は長い頭で、からだに羽がはえている。畢方《ひっぽう》鳥は人面で一つの足。讙頭《かんとう》国の人は顔は人間だが翼があり、鳥のクチバシで水中の魚をあさる。厭火《えんか》国の人は獣身で色が黒く、口から火を吐く。貫匈《かんきょう》国の人は胸に穴があいている。交脛《こうけい》国の人は足が交叉《こうさ》している。

三身国は夏后啓の北にある。この国の人間は、頭は一つなのに胴体が三つある。その北にあるのは一臂《いっぴ》国である。腕が一本、目が一つ、鼻の穴が一つなのである。黄色い馬がいて、虎に似た斑紋があり、目が一つで脚が一本である。その北にあるのは奇肱《きこう》国である。そこの住民は腕が一本で目が三つあり、男女両性の生殖器をそなえる。文《あや》ある馬に乗る。鳥がいて、その二つの頭は赤と黄であり、いつもこの国の住民のかたわらにいる。

この国の住民は道具をつくる技術にすぐれ、道具を使ってさまざまな鳥を捕える。また空飛ぶ車をつくり、風に乗ってはるか遠方まで行く。殷《いん》の湯王のとき、この国の住民が予州の境域内で見つかった。湯王はただちにその空飛ぶ車をこわして、ひとびとに見せないようにした。それから十年たって、西風が吹いてくると、その男はまた空飛ぶ車をつくった。湯王は本国へ帰らせてやった。

とりわけ謎めいているのは梟陽《きょうよう》国の人である。人面で長い唇、黒いからだ全体に毛がはえていて、踵は反対にそりかえっている。一つの特性がある。

「人の笑うのをみてまた笑う」

これを捕えるときには左手に竹の管をもつとよいとある。注解によると、『異物志』にいわく、「梟羊はよく人を食い、口が大きい。まず人をとらえると喜んで笑う、笑うと唇がむくれあがって額をおおう。しばらくしてから人を食う。そこで人は竹の筒をつくって腕に通し、とらえにくるのを待つ。とらえられると、すぐ手を引きぬいて、その唇を額にうちつけてとらえる」。

ここにはあきらかに、未知のものに対する古代人の不安や畏怖が投影されている。そこから成立したシンボルのようなものといっていい。おおかたは想像の産物だが多少の事実や伝承を核とし、それがふくらんで形をとったのだろう。いくつかの生物を組み合わせると、巨大化、あるいは矮小化した。正常な形をズラすことから異常を生みだしたケースもある。

日本に渡る幻獣たち

これらの幻獣たちは、順次わが国に渡ってきた。『和漢三才図会』の鳥獣篇は、たとえば『山海経』のうちの西山経に語られている中曲山の駮《はく》のことを述べている。

「状《かたち》は馬に似ていて白身、黒尾、一角。虎の足、鋸《のこぎり》の牙をもっていてよく虎や豹を食べる。声は振鼓《ふりつづみ》のようである。この牙を人が身に佩《お》びていれば凶事をふせぐことができる」とある。

江西省の東望山には沢獣がいる。一名は白沢《はくたく》。よくことばをしゃべる。王者が有徳でその徳が明照幽遠なときは姿をあらわす。昔、黄帝が巡狩《じゅんしゅ》して東海に至ったとき、この獣の忠言によって世のために害を除いたという。

また獬豸《かいち》という神獣がいる。かれらは羊に似て一角四足。王者の獄訟《ごくしょう》が公平におこなわれれば姿をあらわす。訴訟をおさめるとき、罪のうたがわしいものはこれに触らせた。それで法冠に「獬豸冠」という名がのこっている。

もっとも、これにつづいて『三才図会』の筆者は書いている。この獣についての説明はでたらめで、信じるに足りないものである。歴代の史書の五行・四夷志をしらべると、麒麟や獅子はどの書にものっているが、獬豸の名はどこにも見えない。つまりこの世にいまだ曾《かっ》て存在したことのない獣なのだろう。いまでもややもすればこれを「法を司る臣」にたとえたりするが、なんの根拠もないことだ——

『本草綱目』が麬《こく》のことを述べている。豹に似ているがずっと小さく、腰から上は黄色、腰から下は黒色で、形は犬に似ている。異本によれば身は鼬《いたち》で首は貍《たぬき》。成長すると母を食べるという。

また貘《ばく》のことをことこまかに述べている。

熊に似ていて頭は小さく脚はひくく黒白の駁文《まだらもよう》がある。毛は浅くて光沢がある。あるいは黄白色とも蒼白色ともいう。象の鼻、犀の目、牛の尾、虎の足をもち、力は強くよく銅鉄および竹骨蛇虺《だき》を舐《ねぶ》り食べる。骨節は強直で中はつまっていて髄は少ない。その糞は兵器として切玉（するどい刀）となりうる。尿は鉄を溶かして水にする。歯骨は極めて堅く、刀・斧で打つと逆に刀・斧が砕け落ちるほどである。火でも焼くことはできない。

貘の皮は座ぶとんや寝具にいい。これをかぶって寝ると、湿気、邪気を避けることができる。その形を図しただけでも邪を避けることができる。唐の時代には多く貘を画いた屏風を作ったそうだ。

狡兎《こうと》は兎に似ていて、雄は黄色く、雌は白色。丹石銅鉄を食べる。昔、呉王の武庫の兵器がみな尽きたとき、土を掘ると二兎を得た。一は白色で、一は黄色であった。腹中の腎・胆はみな鉄であった。これを取って鋳て剣としたが、玉が泥のようにすぱすぱと切れた。

風狸《かぜたぬき》とは愛敬のある名前である。大きさは狸か獺《かわうそ》ぐらい。状《かたち》は猿猴《さる》に似ていて小さく、目は赤く、尾は短くて、あるかないかわからないぐらいである。色は青黄か黒い。文様は豹のようである。あるいは全体に毛はなく、ただ鼻から尾に至る一道にだけ、広さ一寸ほど、長さ三、四分の青毛がある。その尿は乳汁のようで、本性、蜘蛛《くも》を食べまた薫陸香《くんろく》（松に似た香木の香）を喰《くら》う。昼はじっとうずくまっていて、螬《すくもむし》のように動かない。夜は風に乗じて騰《のぼ》り躍り、巖を越え樹を過ぎ、鳥が空中を飛ぶように捷《はや》くとぶ。人が網で捕獲すると、叩《こう》頭《とう》して憐みを乞うような仕ぐさをする。

打ちたたくと忽《たちま》ちに死ぬが、口が風を受けるとほどなく活きかえる。ただ骨を砕き脳をくだいておけば死ぬ。一説によれば、刀で斬っても刃は入らず、火で焚《や》いても焦げず、打っても皮嚢《かわぶくろ》のようで手応えがない。鉄でその頭を撃ち砕いても、風が吹いてくればまた生き返る。ただ石菖蒲《せきしょうぶ》でその鼻を塞げば死ぬ、とある。

『和漢三才図会』は添え書きふうに述べている。

「思うに、風狸は嶺南（広東・広西地方）の山林中に多くいて、まだわが国にいるとは聞かない」

「狼狽《ろうばい》」とは、いかなる獣であろう？ 狼は前の二足は長く、後の二足は短い。狽は前の二足が短く、後の二足が長い。狼は狽がいなければ行くことができず、狽も狼がいなければ行けない。もし両者が互いに離れてしまうと進むことも退くことも出来なくなる。

二物が互いに依存し合うものには蟨《けつ》と蛩蛩《きょうきょう》、蝦《えび》と水母《くらげ》、知母《ちぼ》と黄栢《こうはく》などがあり、狼と狽も同様である。しかし狽とは何物か、まだよく分からないと、江戸の学者もねをあげている。

常ならぬ何かを前触れする

これら幻獣たちは、ひとことにしていうと「怪」にあたる。「常とかわった化けもの」であって、常ならぬ何かを前触れする役割をおびている。鴞《きょう》は梟《ふくろう》に似ているが、人面で猿のからだに犬の尾をもっている。これが姿をあらわすとき旱魃《かんばつ》がくる。

西山経にいう泰器という山には観水《かんすい》がながれて流沙にそそいでいる。ここに鰩魚《ようぎょ》がいる。かれらは鯉のごとくで、翼をもち、白い首に赤いクチバシがある。これがあらわれると天下は大いにみのる。中山の十一の山経の一つは豊山について述べているが、ここに雍和《ようわ》という獣がいる。姿は猿で赤い目、赤いクチバシをもち、からだは黄色い。これがあらわれると国が乱れる。即公《そくこう》という山には蛫《き》が住んでいる。亀に似ているが、からだは白色で首が赤い。この獣は火をふせぐ。

『和漢三才図会』や『本草綱目』といった、わが国の博物誌の作者たちが、幻の獣をつたえるにあたり、頭はどうの脚はどうの、駁文《まだらもよう》はどんなぐあいか、毛並みの光沢、色、鼻や目、歯、足、尾はどうかと、ことこまかに形状を述べたのは、その必要があったからだ。獣を同定して、その予兆の力より警告の役割に用いたからである。

少年時代の魯迅に劣らず、江戸の工人たちもまた中国産の奇妙な動物のカタログを何度も見返したにちがいない。鳳凰や麒麟はおなじみだが、鳴蛇《めいだ》とは何か？　蛇の頭と四つの翼をもっている。水中にいて前後に豚のような頭のある幷封《へいほう》。天山に棲む神鳥は色はまばゆいばかりの赤、足は六本、四つの翼をもつが顔も目もない……。

豻《がん》は胡狗《こく》であって、胡地の野犬である。狐に似ていて、黒く、身の長《たけ》七尺、頭に一つの角がある。老いると全身に鱗がつく。よく虎、豹、蛟竜《こうりゆう》、銅鉄を食べる。猟人もこの豻は畏れる（『和漢三才図会』巻三十八）。

9　私という幻の獣——寺山修司の夢

超自然的恐怖

これまでみてきたとおり、神話や伝説、メルヘンや民話には、たびたび幻獣が登場する。あのヘンな生きものたちだ。創造の世界の「はずれ者」。幻想作家のラブクラフトはエッセイ「文学における超自然的恐怖」のなかで、「人間にとってもっとも古く、もっとも強い感覚は不安であり、わけても古く、とりわけ強烈な不安は未知のものへの不安である」と述べているが、人間の想像の根源には「畸形の記憶」といったものがしみついているのだろうか。

ここできわめて厄介な問題に立ち入らなくてはならない。畸形、フリークス、つまり生理学的な「逸脱」をかかえた人々のこと。

その人を前にするとき、ある種独特の感覚に襲われる。畏怖感にも似たもの、奇妙な高ぶり。

幼いころの記憶にある、仲間とサーカスへ出かけたときのこと。「ジャーン！」とシンバルが鳴ると、幕の下からよちよちと小人が登場した。あるいは雲つくばかりの大男が、自分の手足をもてあましたふぜいで所在なげに立っていた。かくべつ、どのような芸の持主というのでもない。笑い顔とも泣き顔ともつかぬ顔つきでそこにいる。あるいは不器用に手足を振った。ただそれだけで十分だった。彼らがそこにいるだけで世界が一瞬にして変化した。奇妙な緊張があたりにみなぎった。せんべいを齧《かじ》っていた者が齧るのをやめた。おしゃべりしていたのが、はたと口をつぐむ。

それはまったく、変てこな感覚だった。かりに名づけて「始源的な体感」とでもしておこう。その人々と向かいあったとき、どうして私たちはあのような不思議な感情を抱くのだろう？

あるいは縁日の記憶。

入口でジャンパー姿の男がダミ声で呼びこみをしている。小屋の軒下に何枚もの黄ばんだ写真がぶら下げてある。その一枚には「腰から下は男女です」などと貼紙がしてある。

「野生児蛇娘！　奇型か原型か！　世界人類医学の驚異!!」

幼いときに両親にすてられ、ひもじさのあまり山谷に深くわけ入って、動物たちと餌《えさ》をわけあい、生肉、生血を常食としてきたばかりに泣きさけぶ声は獣とそっくり。「お代はあとで」の声につられて、実地にためしてみた人は覚えがあるはずだ。「世界人類医学の驚異!!」は実のところ、厚化粧したおばさんで、立ち上がるとわかるのだが小人だった。おばさんは自分の無芸をはずかしがるようにして、ときおり腰を上げ、かたわらにトグロを巻いている蛇の頭をなでたりした。そんなおばさんを、誰もが息を呑む面《おも》もちで見つめている。その人々を前にするとき、なぜ私たちの心はあのように高ぶるのだろう？　どうして四肢が硬直し、膝がふるえたりするのだろう。なぜ宗教的な畏怖にも似た感情に襲われ、ひそかな戦慄を覚えるのか。

娯楽や見世物から国民をよむ

朝倉無声の『見世物研究』には、江戸の巷をいろどった無数のフリークスの姿が絵入りで紹介されている。先に一度あげたが尾張の人、小寺玉晁《ぎょくちょう》の『見世物雑志』によれば、文化・文政のころ、名古屋の盛り場大須《おおす》近在には、ひきもきらず曲馬《きょくば》や人魚や猩猩《しょうじょう》の見世物がやってきた。

「六月同所七間町東角にて人魚を見する。手ゆび五本白き爪有大なるはすばしり程有小なるは鰍《かじか》の大なる程有色はねずみいろにて尾は名吉《なよし》に似たり」

「十一月中旬より大須機織あとにて目の玉出す坊主来る。扇のかなめにて目尻をおさえれば目の玉ひょいと出る」

寺院の境内では晴天十日の大相撲が催され、身の丈七尺三寸、体重四十二貫の鳴戸海が人気をよんでいた。文政二（一八一九）年の本尊御開帳に際し、「同所北側にて蛇娘見する」

とあるところをみると、「世界人類医学の驚異!!」は、すでにそのころから世に親しかったらしいのだ。

ほぼ同じころだろう、イギリスの詩人ワーズワースは友人のチャールズ・ラムにつれられてバーソロミューの縁日に出かけた。そのときに書いた詩がR・オールテックの『ロンドンの見世物』に引用されている。そこには世界中の世にも不思議な存在が集まっていたという。侏儒《しゆじゆ》、火炎をのむ男、学者豚、物知り馬、巨人、大女、腹話術師、小人の娘。さらに蠟《ろう》人形《にんぎよう》やぜんまい仕掛けのおもちゃ、「すべて造化の戯れ、人間の考え出したプロメテウス的幻想」……。

一寸法師の「親指トム」がいた。巨人《ジヤイアント》ダニエル・ランバートは体重七百ポンド、胴まわり三ヤード四インチ、身長五フィート十一インチ。「シャム双生児」のチャンとエンの人気にあやかって粘土づくりの像が売り出された。オールテックは『ロンドンの見世物』に口上をつけるようにして、扉にモットーをかかげている。

「……国民の娯楽や見世物に注目するがよい。そうすれば国の歴史の諸時代におけるわが国民の気質や精神が、そこから推測できるとわかるだろう」

そこに注目したひとりの人の場合でみてみよう。寺山修司である。彼は「畸形のシンボリズム」を書いている。正確にいうと、書き出して中断した。作者の死とともに、それは中絶のままでのこされた。

寺山修司が問題としたもの

「畸形のシンボリズム」はまず昭和五十三（一九七八）年八月、雑誌『新劇』の特別企画として発表された。そこには「一寸法師の宇宙誌」の副題がついており、作者は「――と書きかけて、筆を置くことにしよう」と書いて筆を置いた。

　翌年、ふたたび筆をとって書き継ぐにあたり、小さなノートをつけている。それによると、「畸形のシンボリズム」は「一寸法師の宇宙誌」を序章とする長篇論文となるはずで、第一章が「黒蜥蜴《くろとかげ》の犯罪史」、これは人工的な畸形を論考する。つづく第二章で宿命的な畸形をとりあげ、第三章ではその現象学的考察をおこない、第四章、第五章で芸能のなかで演じられてきた畸形を扱う。終章の第六章で全体を総括する。

　同年、肝硬変が悪化。寺山修司は急遽《きゅうきょ》、北里大学付属病院に入院した。その後も毎年のように入・退院をくり返した。この間、何度か書き継ぐ試みをしたようだが、体力が長篇論文の緊張に堪えなかったのだろう。仕事はもっぱら演出の立会いと、あちこちに書きためてきたエッセイの編集に終始した。四年後の昭和五十八（一九八三）年五月、肝硬変に腹膜炎を併発、敗血症のために死去。

　長篇論文は中絶した。

「畸形のシンボリズム」は、その人々をめぐる風変わりなエッセイである。どこが風変わりなのか。横紙破りが好きだった寺山修司が、つい人が目をそらしがちな生理学的逸脱者たちに関する蘊蓄《うんちく》を傾けた。そうともいえる。事実ここには小人や大男はもとより、「エレファント・マン」や「シャム双生児」や狼男や「腰から下は男女」の人間がぞろぞろと登場する。ふだんは私たちの目に入ってこないような人々に光をあてる特異な文化論である（『畸形のシンボリズム』白水社、一九九三年）。

「ノート」のいうところでは、このあと畸形と芸能とのかかわりに立ち入るはずだった。見世物が色こく芸能世界と結びついていることは、郡司正勝氏や関山和夫氏の研究にくわしい。あるいは小沢昭一氏の『日本の放浪芸』をはじめとする貴重な採録にみるとおりだ。大道芸や見世物に根ざした「芸能者」のまなざしは、「天井桟敷」の演劇人のそれと何重にもからみ合っている。

だが、論考は手前で中絶した。その後数年、小康をえた年月があったにもかかわらず寺山修司は書き継がなかった。つまりは芸能史や演芸史とのかかわりから論じることに、あえて書き継ぐに足るだけの強い興味を覚えなかったからではなかろうか。どこまでも律義者の彼は、新しく連載をはじめるにあたり、多少とももっともらしい理屈をいってみたかっただけかもしれない。

のこされたところで十分だ。それはまがりなりにせよ、それ自体で完結しており、中絶を惜しむ必要は少しもない。記述の姿勢が一貫して告げている。寺山修司にとって畸形自体が問題ではなかったはずだ。ではいったい、何が問題であったのか？

等身大の人間の限界

特別企画とした「一寸法師の宇宙誌」を発表する前年、寺山修司は「マルドロールの歌」「消しゴム」「一寸法師を記述する試み」「二頭女――影の映画」などの実験映画を作っている。その一つ「一寸法師を記述する試み」はカラー、十六ミリの十九分もの。脚本を寺山修司と岸田理生が担当。美粧は蘭妖子、音楽はJ・A・シーザー、出演は日野利彦、矢口桃、篠崎拘。

冒頭、一寸法師が牧師姿で立っている。字幕が入って「人は私のことを一寸法師と呼んでいます」

暗室に一寸法師が入ってきて辺りを見まわす。それから大切そうに箱をもってきて置く。箱と見えたのは実は女の足。その足が、かすかにくねっている。一寸法師がいとおしそうにその足をながめている。字幕「ああ、これが私に与えられた第一の機会であった」

女の足に胴がついている。全裸で、一寸法師よりもひとまわり大きい。そのため、まるで象を撫《な》でているように見える。一寸法師が女の両手をもってきて組み立てる。字幕「ロバチエウスキーの箱には首がない」

一寸法師が首をもってきて上にのせる。キスしようとするが、とどかない。女が笑っている。「おお、愛しのぼくのモナ！」

一寸法師が荒縄で女を縛りあげる。縛り終えたと見えた瞬間、女は少しずつ稀薄になって闇のなかに消えていき、あとに荒縄だけがのこる。字幕「もう誰にも渡さないからね、おまえは、永久にぼくのものだ」

……

のちにスチール写真をまじえて脚本を公刊するにあたり、寺山修司はそれぞれの映画に短い注釈をつけた。「一寸法師を記述する試み」の場合、主人公の一寸法師に自分の「幼児性」を仮託し、同時に活動写真に対する素朴な好奇心をそのままイメージ化しようとしたという。

「子どものころから、スクリーンに映しだされているマレーネ・デートリッヒやリタ・ヘイワースに手でさわってみたい、という願望があった」

一つの肉体をイメージして、それを縛りあげたり、削ったり、穴をあけたりしていく。そのプロセスの映像化。「同じスクリーンにプロジェクトされている被写体と加害者。それを映画館の客席で外側から観察する第三者としての私が〝一寸法師と女優の関係〟を自分自身のまなざしのなかの葛藤としてとらえ直す」。そうした試みをもった作品。

「二頭女――影の映画」につけられた注釈によると、「影の映画」は久しく懸案としてきたものだそうだ。影として映像化されたものと、その映像をさえぎるかたちで加算される存在、あるいは減算されたもう一つの「不在の痕跡」としての影。その映像が上映されるとき、第三の影がスクリーンをさえぎるだろう。「非人称代名詞である影が人称代名詞として動きだす」ことでその実在を証明する試み。

実験映画に先立つ十年前の昭和四十二（一九六七）年、寺山修司は演劇実験室「天井桟敷」を設立した。その第一回公演が「青森縣のせむし男」である。つづいては「大山デブコの犯罪」。のちに「身体を読む」と題して山口昌男とした対談のなかで述べている。

「天井桟敷を始めたとき、僕は、からだの畸形に関心があったので、等身大の人間の限界について考えていました」

身体について考えたイデオローグたちは、すべて等身大ということから想起してはいないだろうか。近代が等身大の肉体の上だけに人間観を打ちたてようとした結果、その報復として、おびただしい畸形が発生したのではないのか。

「最初の頃、自分の演劇の関心が、畸形《フリーク》の人たちを舞台にのせることにあったわけです。背中に瘤《こぶ》のある人、身長が全然伸びない人というような侏儒、畸型、巨人、多毛症、小頭人……」彼らを舞台にのせ、そういう人を〝異化〟の手段とした知の支配から肉体を解放する――

もう一つ、エッセイから引いておくと、「大山デブコの犯罪」と題した映評のなかに、こんなことばが見える。「……ぼくは危機感のない肉体などというものは信じられないし、渥美清流の〈丈夫で長持ちする顔の思想〉など、侮蔑しきっている」

イメージの略歴

死の前年あたりと思われるが、寺山修司は「イメージの略歴」と称する文章を書いた。いや、文章とはいえない、百にあまる名辞がズラリと並んでいる。一歳のときの「あけた瞼のあいだからさしこむ剃刀の刃のような光」にはじまる自分史のためのイメージづくしであって、三歳では、押し入れのなかにとじこもって、針であけた穴から覗《のぞ》いた「カメラ・オブスキューラのエロチシズム」だった。五歳では「陽に透かすてのひらの映像」とある。北窓に半日置いておくと、ようやく浮かびあがってくる『少年倶楽部』の付録の日光写真の鞍馬天狗《くらまてんぐ》。

十五歳以後は齢《とし》の区分がない。つまりは寺山修司その人は、ここに定まったということだろう。いわく、「ホフマン物語」、影を売った男、ブニュエルとダリの「アンダルシアの犬」でピアノにはさまれたロバ、眼帯映画、「天井桟敷の人々」のマルセル・エラン、プラハの路地から「巨人ゴーレム」、イギリスの城から「フランケンシュタイン」、透明人間、影絵芝居、パゾリーニの「ソドムの市」……、おまえはただの現在にすぎない。

マルセル・カルネの「天井桟敷の人々」。所はパリ、ブールヴァール・デュ・タンブル、通称〝犯罪大通り〟。パントマイム役者のドゥビュローや、メロドラマの名優フレデリック・ルメートルや、殺しのダンディことピエール＝フランソワ・ラスネールといった実在の人物に、娼婦《しょうふ》や道化や権力好きの貴族をとりまぜて、恋あり涙あり陰謀ありの筋立てだった。どうして〝犯罪大通り〟などという物騒な名前で呼ばれていたのか。界隈の芝居小屋で血と涙がどっさり流れる犯罪がのべつ演じられていたからだ。その種の一つだろう、永井荷風が『ふらんす物語』のなかである見世物の出し物について書いている。題して「蛇つかい」。

「どどどん、どどどん――と銅鑼鐘《どらがね》を叩いて、見世物小屋の男が、人々の注意を呼ぶ。天幕外《そと》の広い台の上に、幕の両脇から、二人の娘が小走りに現われて直立した身体をちょっとかがませ、その前に集まる見物人に目礼した。年齢は、白粉を濃く塗り立てているこういう種類の女の事で、想像はしかねるけれども、姉妹らしい似寄った円顔、小作りの身体つき」二人の女が代わるがわる腰帯のあいだから外題《げだい》を書いた布切れを取り出してくる。木戸番がドラを叩いて「さアさア、いらツしゃい木戸銭はたったの拾サンチーム」

天井桟敷はもっとも安いだけでなく、もっとも天井に近い。つまりは、もっとも天国に近いわけだ。たしかにそこは天国である。なけなしの小銭を払いさえすれば、浮き世の一切を、はるか眼下に見下すことができる。

ちなみに〝犯罪大通り〟は、パリが大改造されて近代都市に生まれかわった際に取り払われた。つねづね当局から、いかがわしい場所として目をつけられていたからである。だが、それは跡かたもなく消え失せたというのでもなさそうだ。作家フランシス・カルコの回想記にオランという男のことが語られている。いつも文なし、宿なしながら、いたって陽気な人物で、顔を合わせるとブールヴァールで自分が演じた役のことを、とくとくと話してきかせる。昨夜も昨夜とて、割れるような拍手でもって退場したはずだった。しかし、仲間のだれひとりとして、舞台で実際にオランを見たものはいなかった。

冬が近づくとオランは毎日のように、パリで知られた洋服屋を訪れた。外套《がいとう》の仮縫いが終わると、受けとり払いで仲間の住所を書いて帰り、先まわりしてその家で待っている。配達人がやってくると、もったいぶった声で言うのだった。

「本人は留守だから、門番のところにあずけといておくれ」

そのまま配達人が、うっかり置いていかないともかぎらない。もっとも、カルコの知るかぎりでは、「毎年冬がくると、オランは外套なしでふるえていた」そうだ。

顔三つ、腕千本の神

寺山修司には『巨人伝』というホラ話の作品がある。当人がわざわざ注釈をつけて断わっているが、ラブレーの『ガルガンチュア物語』を下敷きにした。ホラ話の作品としては、もう一つ『ほらふき男爵』があって、こちらにはエドガー・アラン・ポオの『軽気球虚報』やビュルガーの『空想男爵の冒険』をひき合いに出して、しかし自分の作品のほうがずっとすばらしい、といばっている。要するに寺山修司がホラ話の作法に忠実にホラを吹いたまでのこと。

彼は『巨人伝』の主人公には、母親の胎内に三年三月滞在させた。その後の経過においても、すべてにおいて同じように拡大した。身体のあらゆる部分が法外に大きな目盛りのもとにある。『ほらふき男爵』の漫遊は、拡大に対する時間・空間篇というものであって、主人公は大宇宙のなかを勝手気ままに動きまわる。ひとことにしていえば、メタモルフォーゼの手法だろう。それまでごくおなじみで自明であったものが、拡大あるいは縮小されたときに、おそろしく「異形のもの」としてあらわれる。

異形の生きものであれ、それはこの世の人間にほかならず、とてつもない逸脱者であれ、やはり人間の自画像そのもの、といったような状況が生じてくる。

インドの神々や仏教のホトケたちをイメージ化するにあたり、むかしの工人たちはしばしばフリークスを採用した。途方もなく大きい、あるいは豆つぶのように小さい。あるものは顔が三つ、あるいは千の腕をもっている。個々の肢体《したい》はグロテスクな寸法にまで引きのばされ、おのずから無辺無量のシンボルとしてそれ自体をこえ、より高次の存在領域に向かうべき特性を与えられている。等身大からの逸脱は芸術手法にのみとどまらない。それは同時に現実世界の反映といった一面をもっているのではあるまいか。

私の意識深くに隠れているもの

ラブクラフトが語っている「もっとも強い感覚」としての不安、わけても古く、とりわけ強烈な不安――それこそ寺山修司が終始語りつづけてきたところだった。彼は幼いときから日常のなかに忍び入ってくる異分子を、目を輝かせてながめていた。それは三歳のときの「猫目映画」であり、五歳のとき、てのひらにうつしとった日光写真の鞍馬天狗だった。あるいは「浄仙寺の彼岸のふすま一面の地獄絵の総天然色拷問」。七歳の少年には、阪妻《ばんつま》が二役を演じた映画「影法師」のあのセリフが、いつまでも耳の底にのこっていた。「仙波は俺の兄貴だぜ」

あるいは虫眼鏡の少年探偵団、樺島勝一《かばしま》や高畠華宵《たかばたけかしょう》の挿絵、青森電気館のグレタ・ガルボ……。長じて彼は数々の不安への頌歌《しょうか》を書いた。「畸形のシンボリズム」は、たえず硬化し、変形していくわが身の内臓に苦しみながら、この人が書きつづった最後の一つである。

たとえば一寸法師だが、それはしばしば権力者のかたわらにいる道化として、ふつうの人間の及びもつかない特権を享受してきた。お伽噺《とぎばなし》にはいろいろなフリークスが出てくるが、彼らはたいてい、夢のような幸運にめぐまれる。あるいは畸形のおかげで並の人間には閉ざされている世界へと入っていける。いいかえれば「選ばれた者たち」であり、地上のもうひとりの王なのだ。あるいは一身に男と女の特徴を合わせもっている。あるいは一人にして二人である。人間であって同時にすこぶる幻想的な生きものとして、なんなく人間の条件を踏みこえる。それは人体において示された最後の辺境というものだ。

寺山修司が「シンボリズム」の名のもとに意図したところは、この先だろう。並の人間にとって無限に遠いはずのその辺境は、しかしながら私たちのほんの身近なところにありはしないか。サーカスや縁日の見世物、ときおりブラウン管に登場する「異形」の人々、自分たちのなかにもまた、ひそかなフリークスがひそんでいるのではあるまいか。自分の内なる逸脱者である。意識をかすめ、血のなかに、生理のなかに生きつづけている畸形である。

くり返しいえば、神話や伝説やメルヘンや民話のなかには、さまざまな「はずれ者」がひしめいている。ドラキュラやフランケンシュタインやせむし男や一寸法師など、人々はくり返しフリークスを生み出してきた。人類の想像力の根源には畸形の記憶といったものがしみついているとしか思えない。

その人を前にしたときに覚える奇妙な感情の高ぶり、宗教的な畏怖にも似た、未知への恐れと好奇心。それは、もしかすると、日頃は隠れている自己の分身が、そっと現われたことを意味しているのではあるまいか。たしかに私の記憶のなかには、フリークスが忍んでいる。意識と無意識の合わせ目に佇《たたず》んでいる。そしておりおり、ふとしたときに、小人がすばやく目の前を走り抜ける。おそろしく顎の長い巨人が、雄大な手足を打ち振りながらヌッとばかりに現われる。

私自身、「ヘンな生きもの」にちがいない。たえず巧みに鏡から目をそらして、みずからの畸形を見逃しているだけなのだ。

10　ゴーレムからロボットへ――二十世紀の幻獣

ロボット誕生

一九二〇年、チェコの首都プラハで、一つの奇妙な生きものが誕生した。名前はロボット、正式には「ロッサムのユニバーサル・ロボット」といい、略してR《エル》・U《ウー》・R《エル》。「一番安い労働力――ロッサムのロボット」

売りに出されたときのキャッチ・フレーズである。携帯用の小さいロボットも発売された。これは一体百五十ドル。

「自社の製品の値段を下げたいとお考えですか？　それでしたらロッサム社のロボットにおまかせください」

そんなポスターもあった。

人間そっくりで、人間のような服装をしている。はじめのうちは動きもぎこちなく、声がとぎれたりした。無表情で、じっとのぞきこむような仕ぐさをする――とト書に指示してある。つまり、舞台での話。ロボット第一号は舞台用として生まれた。一人の作家の机の上でつくられたわけだ。

ロボットの生みの親カレル・チャペックは、「ロボット」をどうして思いついたのかと問われたとき、「電車に乗ったから」と答えている。そのころ、プラハ郊外に住んでいた。ある日、市中へ出かける必要があって電車に乗ったところ、おそろしくこみ合っていた。立席までぎっしり満員、小羊を並ばせたようにといいたいところだが、それ以上で、まるで「人形」を詰めこんだぐあい。そのときはたと、人間を「個人としてではなく機械として」考えることを思いついたという。その日、家にもどったのち、「働く能力はあるが考えることのできない生きもの」について考えた。そこから生まれた生きものを「ロボット」と名づけた

——

舞台で大当りをとって十年あまりしてからのことだが、チャペックは、こんなふうにも述べている。

あるとき、ひょいと芝居のタネを思いついて兄に話した。カレル・チャペックの兄のヨゼフ・チャペックは画家として知られている。そのとき兄のヨゼフはちょうど、カンバスに向かって絵筆をふるっていた。

「どう呼んだらいいのだろう?」

「何が?」

と兄はいって、刷毛《はけ》を口にくわえた。

「その人工の生きものさ」

〈ラポル〉なんて名前を考えたのだが、どうもぴったりしない。

「じゃあロボットにしたら」

画家は刷毛を口にくわえたまま、こともなげにいった。そんなわけで兄がほんとうの名づけ親だという。

どちらの場合もロボットが「ロボタ」といって、チェコ語で「辛い労働」をあらわすことばにちなんでいることをカレル・チャペックは述べていない。もともと「領主に対する領民の賦役《ふえき》」にあたることばだった。ことさらそれをいわなかったのは、おそらく、いうまでもないと考えたせいだろう。

ゴーレムを生んだ都プラハ

それはともかく、この二十世紀の「幻獣」がチェコのプラハで生まれたのは偶然ではなかったかもしれない。というのはプラハには古くから「ゴーレム」にまつわる伝説がある。幻の生きものであり、人間がつくり出した「ロボタ」用の人造人間である。

十六世紀のことだが、そのころチェコはボヘミア王国といった。国王ルドルフ二世の宮廷にレーウ師というユダヤ人の律法師《ラビ》が仕えていた。彼は当時のユダヤ人世界にあってもっとも尊敬されていた人物で、皇子や大使たちの表敬訪問を受け、みずからも親しく王城に出入

グスタフ・マイリンク『ゴーレム』（1916年）の扉絵

りした。ユダヤ古来の神秘思想を説いた著作があり、『カバラ』を究めた者として、レーウ師もまた地上のすべての出来事は、過去、現在、未来を問わず、ことごとくがすでにユダヤの聖典に記されていると信じていた。

　ユダヤ学者のゲルショム・ショーレムが『カバラとその象徴的表現』のなかの「ゴーレムの表象」のくだりで、一つのユダヤの伝説をあげている。

「ポーランドのユダヤ人たちは、ある種の祈禱《きとう》を唱え、いく日間かの断食の行《ぎょう》を成し遂げたあとで、粘土あるいは膠《にかわ》で人形《ひとがた》を造る。そして、この人形に向かって奇蹟をもたらすシェムハムフォラス（神の名）を語りかけると、人形は生命を獲得するはずである。その人形は語ることこそできないが、話されたり命令されたりしたことはかなりの程度理解する。彼らはこの人形をゴーレムと呼び、あらゆる家事労働を行なうひとりの召使に仕立てるのだ」

「ゴーレム」とはヘブライ語で「不定のもの」「形のないもの」を意味している。そういえば人類の始祖アダムもまたゴーレムだった。「いのちのない粘土の塊」であって、神ヤハヴエはこれを人形《ひとがた》にして口に息を吹きかけ、いのちを与えた。

『セーフェル・イェツィーラー（創造の書）』によると、ゴーレムをつくるためには山で掘り出してきた生《き》のままの土を必要とする。これを新しい泉水で練って、人の形につくる。その際、部分それぞれに応じることばを唱えつづけなくてはならない。さらに何度か、時計の針と同じ方向に人形のまわりを廻る。そうするとゴーレムは立ち上がり、動きだす。廻る方向をまちがえると、ゴーレムは土にもどる。

ショーレムがあげている伝説によると、ゴーレムの額には「真理《エメト》（emeth）」という文字が記されている。べつの説ではヘブライ語で「シェム」とよばれる金属片が台の下に秘めてあって、そこに同じく「神の真実」といった意味の「エメト」が記されている。それはいわば機械にとってのバッテリーのようなものらしい。

「ゴーレムは日ごとに体重を増やして、最初のうちこそ小さかったのに、家じゅうのほかの誰よりもたやすく大きく強くなるのだ。となると、彼らはゴーレムに恐れをなして、最初の文字を消し去ると、「彼は死んだ《メト》（meth）」しか残らないことになって、その結果ゴーレムは瓦解し、ふたたび粘土にもどるのである」

土にもどるゴーレム

レーウ師にまつわる伝説では、あるとき彼はモルダウ河の泥をすくってきてゴーレムをつくり、これをヨッセルと名づけた。ヨッセルはせっせと、よく働いた。週日はこまごまとした仕事をする。薪《まき》を割ったり、掃除をしたり、また会堂の番犬役にもなった。週末のサバトがくるとヨッセルの「シェム」は取り去られ、いのちのない土にもどった。

あるサバトの日、レーウ師がいつもの手続きを忘れたため、ヨッセルは狂暴になった。家をこわし、石を投げ、歯をむきだして威嚇《いかく》する。木を根こそぎ引き抜いた。そのとき人々は会堂に集まって朝の祈りを捧げていた。詩篇九十二にいわく、「されど野牛のごとき力をわれに与えしは汝なり……」

レーウ師は通りに走り出て、荒れ狂うゴーレムより「シェム」を取り去って土にもどした。

これはショーレムの引いている伝説のそれとほぼ一致する。古いつたえばなしが偉大な律法師にむすびつけられたからにちがいない。それによると、かつてある人のゴーレムがおそろしく大きくなったのに、無頓着にも彼はそれを成長しつづけるのにまかせていたので、ゴーレムの額にもう手が届かなくなってしまった。恐ろしくなって男は、長靴を脱がせてくれとこの召使に命じた。ゴーレムがしゃがんだすきに、その額に触れるつもりだった。はたして事は思惑どおりに運んで、最初の文字はうまい具合に取り除かれはしたが、粘土の塊がどさりとばかりこのユダヤ人のうえに崩れ落ちてきて、彼を押し潰してしまった——

残されたいかなる文書も、ゴーレムが話すことができたかどうかについて語っていない。

しかし、この人造人間はあきらかに記憶の能力をもち、受けた命令を遂行した。ただし、その命令は一定の間をとって与えなくてはならない。ゴーレムは機械的に、いわれたとおりを行って自分では考えない。命令の与え方をまちがうと、ときには狂暴になる。

ゴーレムからロボットへ——第一次大戦がひきおこした急激な技術の進歩を前にして、プラハ人カレル・チャペックはおそらく、自分の町につたわる人造人間の伝説を思い出したのだろう。一九二〇年のプラハの舞台に登場したロボットは、たちまち世界中にひろまった。それは第一次大戦後の産物だが、しかしロボット自体の考えは、はるかに古い。ことによるとそれは、文明の歴史と同じほどに古いかもしれない。

苦役を代わってくれる別の生きもの

古代エジプトの昔、ピラミッドの建造に狩りだされた奴隷たちは辛い苦役のあいまに、自分たちの仕事の代理をしてくれる「別の生きもの」を夢みたはずだ。あるパピルスには皇帝の姿が巧みにカリカチュアにされている。山羊とチェスをする獅子の姿をとって、名声好きの虚栄家としてえがかれている。そんな戯画に対応する人工の生きものの夢があっても不思議はない。

ギリシア神話に出てくるイカロスはミノス島の迷宮から抜け出す際、父がつくった人工の翼で空を飛んだ。あまり高く飛びすぎたので太陽に灼《や》かれ、海に落ちて死んだといわれる。

しかし、父親のダイダロスは無事島を逃げだした。ダイダロスとは「巧みな工人」の意味で、一説によると、このダイダロスが青銅人間タ－ロスをつくった。青銅人間は首から足まで一本の血脈をもち、踵《きびす》のところに青銅の釘がはめてあった。タ－ロスはミノス島の番をしていて、日に三度、ものすごいスピードで島を馳《は》せめぐる。近づく者がいると大石を投げつけた。あるいはわが身を灼熱《しゃくねつ》させてから相手を胸に抱きこんで焼き殺した。

ホメロスの『イーリアス』に出てくる工人ヘパイストスは人工の女パンドラをつくりだした。火をふく牡牛というのもつくった。鍛冶《かじ》の神であって、ギリシア人はこれを、小さな丸い帽子をかぶり、片はだぬいで槌《つち》を握っている、逞《たくま》しい男の姿であらわした。

とりわけスパルタ産の「鉄の処女」が秀抜である。それは今日の税務署員といっていい。みつぎ物をしぶる市民がいると、やさしく両腕に抱きこんで、チクチクと針でいたぶる。それでも出さないとわかると、太い針でグサリ一刺し、息の根をとめた。

技術はもっぱら東方からきた。数学と時計の国アラビアが発祥地。アラビアの技術が、いつ、どのようにしてヨーロッパにわたったのか、たしかなことはわからない。イタリアのシチリア島あたりが接点だったのだろう。中世のシチリアの宮廷には、青銅の馬がいたという。吠《ほ》える獅子がいた。自動人形の書記官がいた。世に聞こえた学者アルベルトゥス・マグヌスのところには「鉄の男」がいて訪問者に用向きをたずねる。返事しだいで入れたり拒んだりした。巷説《こうせつ》によると、てっきり悪魔だと早合点してトーマス・アクィナスが打ちこわしたという。

ヨーロッパの十八世紀は、合理主義と技術とが大手をふって登場してきた最初の時代だった。この世紀に生まれた自動人形をめぐっては、いろいろ台本がある。発明家ヴォーカンソンの「笛吹き男」は、等身大の人形が横笛を持ち、唇にあて指をそえ、十二のメロディを吹き鳴らしたらしい。同じヴォーカンソン作の「鴨」はまるで本物そっくりに地上を歩き、水を飲み、餌《えさ》を食べた。そしてしゃがれ声で鳴いた。ともに見世物に出され、人気を博したが、発明家の死後は修理する人もないままに打ちすてられ、そのうち忘れられた。一八〇五年、ゲーテはヘルムシュテットの宮廷顧問官を訪ねたとき、物置き小屋で「笛吹き男」を見つけたという。それはもはや彩色がはげおち、半ばこわれた、みすぼらしいからくり人形にすぎなかった。

ロボットへの恋

イギリス人ジャック・ドローズ父子の作である「書記官」もよく知られている。少年の形をした自動人形で、机に向かってすわっている。やおら手をもちあげて、インク壺にペンをひたし、二度したたりを拭《ぬぐ》ったのちゆっくりと字を書いた。プログラムを変えると文字が変わる。ドイツのニュルンベルクで公開されたときには、当市出身の画家デューラーにちなみ、「デューラー万歳」と書いたそうだ。

「メルツェルの将棋差し」（1836年）挿絵

なかにはけっこういかがわしいシロモノもあった。こちらはもっぱら見世物用で、そんな一つ、メルツェルの将棋差しが有名だ。正確には「将棋差し自動人形」といって、一七六九年、ハンガリーの貴族ケムプレン男爵が発明した。のちに興行師メルツェルが買いとってパリやウィーンで公開したあと、アメリカの都市を巡回した。トルコ人の格好をした人形が将棋をさす。人形は差し手のあいまに首を動かしたり、目をグリグリさせたりした。これを論じたポオのエッセイ「メルツェルの将棋差し」は一風変わった推理物であって、彼は実物を一度も見ることなしに、ただ人形についての文献だけで将棋差し人形の秘密をつきとめた。

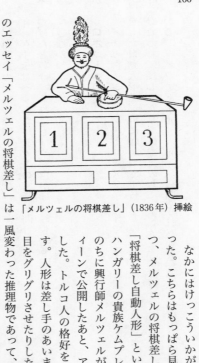

ポオがそのエッセイを書いたのは、一八三六年のこと。メルツェルの死後、人形は博物館に寄贈され、一八五四年、火事のために焼失したそうだ。

しかし、こういった発明以上に、むしろ人間のなかに、一個の自動人形を見つけたことこそ、十八世紀がもたらした、はるかにめざましい発明ではなかったろうか。時代の科学とメカニズムの応用篇である。人体に適用すれば、それはある一定の法則で動く機械にほかならない。骨、神経、筋肉、血管、皮膚その他、すべて定まった機能と法則によって動く、ヴォーカンソンの自動人形にヒントを得たのだろう。ド・ラ・メトリィはからくりの原理を人間に用いて「人間機械説」を展開した。人間は一個の時計である。ただ時計よりも、はるかに精巧で複雑なだけ。『方法叙説』の哲学者デカルトには一つの噂があった。人間そっくりの人形をいつもたずさえている。人形の名前がフランシーヌ、五歳で死んだ娘の代用という。

ドイツ・ロマン派の作家ホフマンに「砂男」という小説がある。大学生のナタナエルは田舎から大学町に出てきて下宿をしている。平穏無事な毎日にちょっとした変化が生じた。部屋の向いのカーテンごしに見える美人に恋をした。背がすらりと高くて、均整のとれた体をしている。ただ目つきが惚《ほう》けたというか、「視力がないみたいで、まるで目を開いたまま眠っている」ようだった。いつもスパランツァーニ教授がつれ歩いている娘で名前がオリンピア。口づけをすると、氷のようにつめたい。かきくどいても「ああ――ああ」と吐息をつくだけ。ある日、正体が判明した。スパランツァーニ教授が作ったぜんまい仕掛の人形で、実のところ、あさましい木の足、目のかわりに二つの穴が黒々と口をあけていた。

文学のあとを科学が追いかける

カレル・チャペックの戯曲『ロボット』によると、ベテラン技師が十年かけて、ようやく一体のロボットをつくりあげた。それは男になるはずのものだったが、まる三日間しか生きなかった。趣味が悪くて、ぞっとするような出来ばえ、それに何よりも、つくるのにおそろしく手間がかかった。

おりもおり甥《おい》の若い技師ロッムスがやってきた。天才的な頭脳の持主である甥にとって、人間を十年もかけて作るなんてナンセンスそのものだった。チャペックによるとこの若い技師は「認識のあとの生産の時代」の人間であり、このタイプにとっては、労働者を人工的につくることは「ディーゼルエンジンを作る」のと同じでなくてはならない。製造は単純、なるたけ手間をかけず、かつは最良の製品を生み出すこと。どんな労働者が最良であるか？ロボットである。いちばん経費がかからず、いちばん簡単で、労働力として無用のもの一切をすててしまった機械人間――「理性的知性」はそなえているが、魂はもたない、労働する巨人。

文学のあとを科学が追っかけた。一九二七年、アメリカ・ピッツバーグの技師ウェンスリーがロボット第一号を完成、「テレヴォクス」と名づける。一九三三年にはローラン・シェファー作のロボットがシカゴ万国博をにぎわした。「ダイナモ・ショー」といって、踊ったり自転車に乗ったりするロボットがあらわれたのは、この少しあとのことである。

実用面ではまだおぼつかなかったが、SF小説や映画の世界では、いち早くロッムスのロボットは実現していた。そこにはホフマンが夢想したオリンピアとそっくりのロボットがいた。まるで人形のように可愛らしく、人形のようにおバカさんの女ロボット。

あとはチャペック劇のつぎのようなシーンを待つばかり――

「（ロボット、バリケードの上に昇る）世界のロボットよ！　人間の権力は地に落ちた。工場の占領により、われわれはあらゆるものの支配者となった。人類の時代は終わった。新しい世界が来たのだ！　ロボットの国家だ……場所、場所、もっと多くの場所をロボットに！人間はいない。ロボットよ、仕事にとりかかれ！　行進せよ！」

人間が幻獣になるとき

いまや総体的なオートメーション化のなかで、いたるところにロボットが活躍している。それは単純作業の機械化といったことだけにとどまらない。手と槌、水と水車、あるいは馬と荷車を前近代としよう。とすると近代は、たとえば石炭とタービンの時代ということになる。いずれにせよ、その原理あるいはシステムに本質的なちがいはなかった。チャップリンの『モダンタイムス』には終始、大工場の歯車と長大なベルトが出てきたが、「流れ作業」というように、そこでは作業が線状に整然とすすむのが最良だった。労働力は相互に関連した線にそっと配置されればいい。

これに対してロボットは数多くの操作を同時におこなう。ロボットを組みこんだオートメーションは単に規模が大きいだけでなく、同時に全体を包みこむという意味で、必然的にマス・プロダクションをもたらさないではいないのだ。とうぜんのことながら、それは生産だ

『モダンタイムス』（1936年）

けにとどまらず、流通のあらゆる段階、さらには消費の形態にもかかわってくる。ロボットをはさんだ全体的なオートメ化のなかでは、消費者もまた生産者でなくてはならない。テレビにせよ週刊誌や新聞にせよ、すでに視聴者や読者がニュースをつくっていないだろうか。画面にみるのは当の自分、あるいは自分の代理人である。ニュースダネを提供し、スポンサーの商品を買い、自分自身のニュースをみている。

この二十世紀生まれの「幻獣」の頭脳は記憶力をはじめとして、とっくに人間のレベルをこえて、いまや意識すらもちはじめている。では、ロボットは「考える」だろうか？　この新しい生きものはみずから思考するか？　コンピュータを内蔵したロボットは、いかにも「考える」かのようだ。それは今後ますます精密度を増していくにちがいない。人間の頭脳のプロセスを正確に模倣する。だが、どんなに正確無比な機械がつくられたとしても、それはしょせんは人間的能力の拡張にほかならない。望遠鏡が目の拡張であり、自動車が足の拡張であるように、ワープロは手と文字の記憶力の拡張であり、コンピュータは頭脳の拡張である。この点、腹話術師の人形が、当の腹話術師の拡張であるのとそっくりである。

聖書の述べているところによると、楽園を追放される以前のアダムは、エデンの園で黙想するのと、神の造るあらたな動物に「命名する」のとが仕事だった。いまやロボットのおかげでアダムの時代がよみがえった。プログラミングをして、工程なり製品なりに気のきいた名前を与えさえすれば、それで足りる。人類は「辛い苦役」から解放されて、地上はいまひとたびのエデンの園に立ちもどりつつあるのだろうか。

むろん、そんなことはないのである。はさんだり、つまんだり、曲げたり、前方へ押しやったり――たしたり、引いたり、掛けたり、割ったり、生産と計量部門に進出してきたロボットは、いかにも有能な労働者である。しかし、そのかわり人間的労働を、ひたすら経営部門へと押しやらなかっただろうか。いまや誰もが株と情報を操作する仲買人であり、富は生産によってではなく操作によってこそ手に入る。富を動かす回路のなかで、情報をはさんだり、つまんだり、曲げたり、前方へ押しやったり――いまや人間こそ、かたときも休むことのないロボットである。

あとがき

マルコ・ポーロが見たという奇妙な動物を追っかけるのはたのしいことだった。海底の住人や、悲しい恋の妖精や、耳で全身をつつんだ人の住む国。人間の胴、鳥の翼、魚の尾、山羊の足と禿鷹《はげたか》の爪をもったバルトアンデルス。ゴジラや蟻男や鼻で歩く南海の珍獣たちについてメモをとっているとき、子供用の怪獣図鑑をわきからのぞきこんでいるような気がしないでもなかった。ボルヘスは『幻獣辞典』英語版の序（一九六九年）のなかで述べている。「むだで横道にそれた知識には一種のけだるい喜びがある」

いかにもそのような喜びのなかでつづっていった。信濃の人高井鴻山の妖怪画と出くわしたのは気ままな旅の途中である。日光東照宮に刻まれた霊獣のことを知ったので、わざわざ日光まで出かけていった。双眼鏡で彫りものをながめたあと、僧天海の銅像を仰ぎ、ついでに茶店で日光名物ユバ入りのソバを食べてきた。幻獣たちの大盤ぶるまいというべき『山海経』の序によれば、造化の道をたずね、陰陽の変化をきわめ、珍しい物語に情《まこと》をつくすのは、「天下の賢者」にしてよくなし得るところだそうだ。「ああ、博学達識の客《ひと》よ、よくよく鑑《かんが》みられんことを」というのだが、解説者によると、これを書いた人物はなぜか早々と殺されてしまった。

想像のなかの生きものをめぐるこの本は、三年前に出した同じ現代新書の『悪魔の話』〔講談社現代新書、一九九一年、のち講談社学術文庫、二〇一三年〕の姉妹篇にあたる。むろん、それぞれ別個に読んでもらってかまわないが、もし二つをともにお読みになったかたがいれば、きっと著者の意図がおわかりになるはずだ。幻獣をめぐってひととおりのことはあげているが、もっとも語りたかったのは幻獣そのものではない。これら奇妙な生きものを生み出した人間である。その意識のなかに、あるいは無意識のうちにひそんでいる「幻の獣」について書きたかった。その微妙で厄介な問題に一歩なりとも踏みこんでみたかった。すぐれた訳書としてボルヘスの本があるにもかかわらず、あえてこの仕事にとりかかったのは、そのせいである。

引用した本のうち主なものを、まとめて順にかかげておく。もし興味が深まれば、「実物」にあたってごらんになるといい。どれといわず一筋縄でいかない著書なのに、苦労なしに翻訳で読めるなんて、なんとありがたいことだろう。

『東方見聞録』〔愛宕松男訳、平凡社〔マルコ・ポーロ、全二巻、一九八三—八四年、のち平凡社ライブラリー、二〇〇〇年〕〕、『幻獣辞典』〔柳瀬尚紀訳、晶文社〔ホルヘ・ルイス・ボルヘス、一九七四年、のち河出文庫、二〇一五年〕〕、『四獣一体』〔高松雄一訳、東京創元社〔エドガー・アラン・ポオ『ポオ全集』第二巻所収、一九六三年〕）、『聖アントワーヌの誘惑』（渡辺一夫・平井照敏訳、筑摩書房〔ギュスターヴ・フローベール『フローベール全集』第四巻所収、一九六六年〕）、『精霊物語』（小沢俊夫訳、岩波文庫〔ハインリヒ・ハイネ『流刑の神々　精霊物語』所収、一九八〇年〕）、『阿呆物語』（望月市恵訳、岩波文庫〔ハンス・フォン・グリンメルスハウゼン、全三巻、一九五三―五四年〕）、『パタゴニア』（芹沢高志・芹沢真理子訳、めるくまーる社〔ブルース・チャトウィン、一九九〇年、のち芹沢真理子訳、河出文庫、二〇一七年〕）、『シュレーバー回想録』（渡辺哲夫訳、筑摩書房〔ダニエル・パウル・シュレーバー『ある神経病者の回想録』、一九九〇年、のち講談社学術文庫、二〇一五年〕）、『中国小説の歴史的変遷』（丸尾常喜訳注、凱風社〔魯迅、一九八七年〕）、『山海経』（高馬三良訳、平凡社〔『中国の古典シリーズ』第四巻所収、一九七三年、のち『山海経――中国古代の神話世界』平凡社ライブラリー、一九九四年〕）、『カバラとその象徴的表現』（小岸昭・岡部仁訳、法政大学出版局〔ゲルショム・ショーレム、一九八五年〕）、『ロボット』（千野栄一訳、岩波文庫〔カレル・チャペック、一九八九年〕）。

『悪魔の話』にひきつづき講談社・学芸図書出版部の渡部佳延氏のお世話になった。たのしくおしゃべりしながら、いたって順調に仕上がったような気がしていたが、それはつまり当方ひとりの思いこみであって、あとからきいたところによると、心やさしいこの人は督促しかねて、もはや〝幻の本〟と腹をくくっていたらしいのだ。ひとの心はうかがい知れないものである。

一九九四年一月

池内　紀

本書の原本は、一九九四年に講談社現代新書として小社から刊行されました。なお、本書には現在では差別的とされる表現が含まれていますが、差別を助長する意図はないこと、また著者が故人であることを考慮して、そのままにしました。

池内　紀（いけうち　おさむ）

1940-2019年。兵庫県生まれ。1965年，東京大学大学院人文科学研究科修士課程修了。神戸大学助教授，東京都立大学教授，東京大学教授を歴任。専門は，ドイツ文学。主な著書に，『池内紀の仕事場』（全８巻），『カール・クラウス』，『消えた国 追われた人々』など多数。主な訳書に，カール・クラウス『人類最期の日々』，『カフカ小説全集』（全６巻），ギュンター・グラス『ブリキの太鼓』など多数。

講談社学術文庫

定価はカバーに表示してあります。

幻獣《げんじゅう》の話《はなし》

池内《いけうち》　紀《おさむ》

2020年11月10日　第１刷発行

発行者　渡瀬昌彦
発行所　株式会社講談社
東京都文京区音羽2-12-21 〒112-8001
電話　編集（03）5395-3512
販売（03）5395-4415
業務（03）5395-3615

装　幀　蟹江征治
印　刷　株式会社廣済堂
製　本　株式会社国宝社
本文データ制作　講談社デジタル製作

ISBN978-4-06-521616-3

「講談社学術文庫」の刊行に当たって

これは、学術をポケットに入れることをモットーとして生まれた文庫である。学術は少年の心を養い、成年の心を満たす。その学術がポケットにはいる形で、万人のものになることは、生涯教育をうたう現代の理想である。

こうした考え方は、学術を巨大な城のように見る世間の常識に反するかもしれない。また、一部の人たちからは、学術の権威をおとすものと非難されるかもしれない。しかし、それはいずれも学術の新しい在り方を解しないものといわざるをえない。

学術は、まず魔術への挑戦から始まった。やがて、いわゆる常識をつぎつぎに改めていった。学術の権威は、幾百年、幾千年にわたる、苦しい戦いの成果である。こうしてきずきあげられた城が、一見して近づきがたいものにうつるのは、そのためである。しかし、学術の権威を、その形の上だけで判断してはならない。その生成のあとをかえりみれば、その根は常に人々の生活の中にあった。学術が大きな力たりうるのはそのためであって、生活をはなれた学術は、どこにもない。

開かれた社会といわれる現代にとって、これはまったく自明である。生活と学術との間に、もし距離があるとすれば、何をおいてもこれを埋めねばならない。もしこの距離が形の上の迷信からきているとすれば、その迷信をうち破らねばならぬ。

学術文庫は、内外の迷信を打破し、学術のために新しい天地をひらく意図をもって生まれた。文庫という小さい形と、学術という壮大な城とが、完全に両立するためには、なおいくらかの時を必要とするであろう。しかし、学術をポケットにした社会が、人間の生活にとってより豊かな社会であることは、たしかである。そうした社会の実現のために、文庫の世界に新しいジャンルを加えることができれば幸いである。

一九七六年六月

野間省一

池内　紀著
悪魔の話
ヨーロッパ人をとらえつづけた想念の歴史。彼らの不安と恐怖が造り出した「悪魔」観念はやがて魔女狩りという巨大な悲劇を招く。現代にも忍び寄る、あの悪夢を想起しないではいられない決定版・悪魔学入門。

2154

ウィリアム・H・マクニール著／清水廣一郎訳
ヴェネツィア　東西ヨーロッパのかなめ　1081～1797
ベストセラー『世界史』の著者のもうひとつの代表作。十字軍の時代からナポレオンによる崩壊まで、軍事・造船・行政の技術や商業資本の蓄積に着目し、地中海最強の都市国家の盛衰と、文化の相互作用を描き出す。

2192

パット・バー著／小野崎晶裕訳
イザベラ・バード　旅に生きた英国婦人
日本、チベット、ペルシア、モロッコ……。外国人が足を運ばなかった未開の奥地まで旅した十九世紀後半の最も著名なイギリス人女性旅行家。その幼少期から異国での苦闘、晩婚後の報われぬ日々まで激動の生涯。

2200

南川高志著
ローマ五賢帝　「輝ける世紀」の虚像と実像
賢帝ハドリアヌスは、同時代の人々には恐るべき「暴君」だった！「人類が最も幸福だった」とされるローマ帝国最盛期は、激しい権力抗争の時代でもあった。平和と安定の陰に隠された暗闘を史料から解き明かす。

2215

川北　稔著
イギリス　繁栄のあとさき
今日英国から学ぶべきは、衰退の中身である――。産業革命を支えたカリブ海の砂糖プランテーション。資本主義を担ったジェントルマンの非合理性……。世界システム論を日本に紹介した碩学が解く大英帝国史。

2224

本村凌二著
愛欲のローマ史　変貌する社会の底流
カエサルは妻に愛をささやいたか？　古代ローマ人の愛と性のかたちを描き、その内なる心性と歴史の深層をとらえる社会史の試み。性愛と家族をめぐる意識の変化は、やがてキリスト教大発展の土壌を築いていく。

2235

池内　紀著
カール・クラウス　闇にひとつ炬火《きよか》あり

権力の堕落・腐敗にペンだけで立ち向かった男。ベンヤミンやウィトゲンシュタインが敬愛した稀代の作家・ジャーナリスト・編集者の生い立ちから活動内容までを描く、日本語による唯一の書物を全面改訂！

2331

下定雅弘・松原　朗編
杜甫全詩訳注（一）～（四）

国破れて山河在り、城春にして草木深し――。「詩聖」と仰がれ、中国にとどまらず日本や周辺諸国の文化や文芸に影響を与え続ける中国文学史上最高の詩人。その全作品が、最新最良の書きおろし全訳注でよみがえる！

2333～2336

赤木桁平著（解説・出久根達郎）
夏目漱石

文豪死去の翌年に刊行された本邦最初の本格的漱石論でありながら、戦後のうねりのなかで大きく取り上げられることのなかった幻の著作がついに文庫化！ここで描かれた漱石像を避けてとおることはできない。

2337

A・G・バウムガルテン著／松尾　大訳
美学

人間にとって「美」とは何か？「美学」という概念を創始し、カントやヘーゲルら後世に決定的な影響を与えた画期の書。西洋文化の厚みと深みを知る上で決して避けては通れない大古典作品の全訳、初の文庫化！

2339

復本一郎著
芭蕉の言葉　『去来抄』〈先師評〉を読む

俳聖が求めてやまなかったものとはなにか。芭蕉が句作に即して門人に語り残した言葉の数々から、伝統と新しさの機微がみえてくる……。いまを生きる俳人が古典を読み解く喜びを示し、現代俳句に活を入れる。

2355

吉本隆明著（巻末エッセイ・吉本ばなな／挿画・ハルノ宵子）
なぜ、猫とつきあうのか

幼いころから生活のなかに猫がいて、野良との区別もゆるく日々をともに過ごし、その生も死も幾多見つめてきた思想家は、この生きものに何を思ったのか。猫を、そして暮らしの伴侶を愛するすべてのひとへ。

2365

《講談社学術文庫　既刊より》

老子 無知無欲のすすめ
金谷 治著

無知無欲をすすめる中国古典の代表作『老子』。無為自然を尊ぶ老子は、人間が作りあげた文化や文明に懐疑を抱き、鋭く批判する。「文化とは何か」というその本質を探り、自然思想を説く老子を論じた意欲作。

1278

孫子
浅野裕一著

人間界の洞察の書『孫子』を最古史料で精読。春秋時代末期に書かれ、兵法の書、人間への鋭い洞察の書として名高い『孫子』を新発見の前漢末の竹簡文をもとに解読。組織の統率法や人間心理の綾など詳細に説く。

1283

現象学の視線 分散する理性
鷲田清一著

生とは、経験とは、現象学的思考とは何か。〈経験〉を運動として捉えたフッサール、変換として捉えたメルロ＝ポンティ。現代思想の出発点となった現象学の核心を読み解き、新たなる可能性をも展望した好著。

1302

ソクラテス以前の哲学者
廣川洋一著

ヘシオドス、タレス、ヘラクレイトス……。ソクラテス以前の哲学は、さまざまな哲学者の個性的な思想に彩られていた。今日に伝わる「断片」の真正の言葉のうちに、多彩な哲学思想の真実の姿を明らかにする。

1306

魔女とキリスト教 ヨーロッパ学再考
上山安敏《うえやまやすとし》著

魔女の歴史を通じてさぐる西洋精神史の底流。魔女像の変遷、異端審問、魔女狩りと魔女裁判、ルネサンス魔術、ナチスの魔女観……。キリスト教との関わりを軸に、興味深い魔女の歴史を通観した画期的な魔女論。

1311

ソクラテスの弁明・クリトン
プラトン著／三嶋輝夫・田中享英訳

プラトンの初期秀作二篇、待望の新訳登場。死を恐れず正義を貫いたソクラテスの法廷、獄中での最後の言説。近年の研究動向にもふれた充実した解説を付し、参考にクセノフォン『ソクラテスの弁明』訳を併載。

1316

哲学・思想・心理

論語のこころ
加地伸行著

『論語』はこう読み、こう教える！　大人から子どもまで万人に贈る入門書。仁と礼に基づく理想社会とは何か。人間の幸福とは何か。実践的な読み方と、その魅力の伝え方を中国哲学史研究の泰斗が平易に説く。

2320

モンテーニュ　よく生き、よく死ぬために
保苅瑞穂著

「もっとも美しい魂とは、もっとも多くの多様さと柔軟さをもった魂である」。モンテーニュは宗教戦争の時代にあって生と死の真実を刻んだ。名文家として知られる仏文学者が、その生涯と『エセー』の神髄を描く。

2322

からだ・こころ・生命
木村　敏著（解説・野家啓一）

精神病理学と哲学を往還する独創的思索の地平に「生命論」は拓かれた。こころはどこにあるのか？「からだ」と「こころ」はどう関係しあっているのか。「生きる」とは、そして「死」とは？　木村生命論の精髄。

2324

ドゥルーズの哲学　生命・自然・未来のために
小泉義之著

「反復」とはどういうことか？　ドゥルーズをファッションとしての現代思想から解き放ち、新しい哲学への衝迫として描ききった、記念碑的名著にして必読の入門書！『差異と反復』は、まずこれを読んでから。

2325

ある神経病者の回想録
D・P・シュレーバー著／渡辺哲夫訳

フロイト、ラカン、カネッティ、ドゥルーズ&ガタリなど知の巨人たちに衝撃を与え、二〇世紀思想に不可逆の影響を与えた稀代の書物。壮絶な記録を明快な日本語で伝える、第一級の精神科医による渾身の全訳！

2326

史的唯幻論で読む世界史
岸田　秀著

古代ギリシアは黒人文明であり、栄光のアーリア人は存在しなかった――。白人中心主義の歴史観が今なお世界を覆っている欺瞞と危うさを鮮やかに剔抉、その思想がいかにして成立・発展したかを大胆に描き出す。

2343